这里是故宫

只露声音的宫殿君 著

中国友谊出版公司

目 录

三　建筑"黑科技"篇　故宫里巧妙的建筑设计　〇七九

四　摆设篇　那些五花八门的摆设的秘密　一〇一

六　隐秘角落篇　故宫里容易忽略的角落　二二九

身世篇

——故宫的前世今生

·壹· 故宫的总设计师是谁

关于故宫的总设计师是谁，历史典籍里并无明确记载，传闻也比较多，尤其在民间，竟然把已经去世千年的鲁班都给搬了出来，说是鲁班化身为白胡子老爷爷帮助皇帝设计了紫禁城。

显然，紫禁城不可能由鲁神仙来设计，它肯定是“某个”或“某些”凡人的作品，那么，这个（些）人到底是谁呢？咱们就一起来盘点下那些年被认为是紫禁城设计师的人。

首先出场的是最被大家误解的设计师——“样式雷”。

俗话说“一家样式雷，半部古建史”，“样式雷”家族是中国古建大舞台上的“流量明星”，不仅频频出现在各种纪录片、科教片、综艺节目里，而且在小说里也常见他们的身影，比如《盗墓笔记》。他们的高出镜率总让人产生一种幻觉——但凡中国最牛的古建筑都出自他们一家之手，紫禁城也不例外。

太和门广场

据统计，中国有近五分之一的世界文化遗产都出自“样式雷”家族（建筑设计方面），比如颐和园、圆明园、天坛、承德离宫等。那紫禁城是否也在这“五分之一”中呢？

是，又不是！

说它“是”，因为至迟在康熙年间，“样式雷”家族就活跃在紫禁城的各种修建、改建、重建和新建的设计中，朱启钤先生的《样式雷考》还记录了“样式雷”创始人雷发达帮助康熙修缮太和殿的故事。而之后的雷家传人也一直在清廷建筑设计院（内务府营造司样式房）担任要职，比如掌门（掌案）。说它“不是”，因为紫禁城初建于明永乐年间，而“样式雷”和它的缘分是从清朝开始，除非他们会穿越，否则，不可能跑到明朝去设计。

除了“样式雷”，还有一个男子也经常被认为是故宫的总设计师，名叫蒯祥。据史料记载，蒯祥是位神奇的大国工匠，他的“技能”特别多，比如能两手同时画龙，只用眼睛就能准确测量材料尺寸，还能徒手画出各种建筑图纸，等等，据说因为设计了紫禁城，所以被称为“蒯鲁班”“皇家大工匠”。

以上“神技”仅为民间传说，在一些史书中，蒯祥并没有那么“神”。据记载，他是苏州吴县香山人，当年朱棣建紫禁城时，20 岁的他和同乡们一起进京参与建设。凭借勤恳踏实以及过硬的专业本领，蒯师傅不久就崭露头角，负责了很多皇家宫殿园林，乃至帝王陵寝的建筑设计，最典型的就是正统年间三大殿的重建。据《明会要》记载，蒯祥最后官至工部侍郎，正三品，相当于皇家建筑工程部的副部长。晚年时，他选择辞官归隐，1481 年逝世。

既然如此，蒯祥设计紫禁城好像也顺理成章，而且某些专家说，正因为他设计了皇宫，所以皇帝特许他和“获奖作品”（紫禁城、天安门等）来个“合影”，即存世的《宫城图》（国家博物馆、南京博物院等都有收藏）。

蒯祥真的就是“故宫总设计师是谁”的谜底吗？在我看来，疑点很多。比如蒯祥的年龄问题：他当总设计师时会不会太“嫩”了点？！在蒯祥的“简历”中，明确提及了其 20 岁来到北京参与宫殿建设，不过这仅是“参与”，史料里并未直接说是“总设计”或者由他负责，倒是后人在编写互联网“百科”或者“名人小故事”时让他成了总负责人。

当时的他只有 20 岁，永乐皇帝会让一个才 20 岁的“小哥哥”担任自己京城大别墅的总设计吗？俗话说“嘴上无毛，办事不牢”，纵使他的技术再高超，20 岁成为皇家总设计还是有点不太可能。

除了“样式雷”和蒯祥，还有几个人被认为是紫禁城的总设计师。比如蔡信，传说他和工部尚书宋礼一起完成了紫禁城的设计，当时老板朱棣特别满意，尤其是对他提出的“9999 间半个房间”的创意赞不绝口。还有专家考证出了一个叫杨青的人，不过关于他，资料少得可怜，大家只知道他是一名瓦工，据说“杨青”这个名字还是朱棣感念他设计紫禁城有功特意赏赐的。

说了这么多，到底紫禁城的总设计师是谁呢？好像仍无解。故宫专家说了，紫禁城的建造必须由朝廷相关人员来进行集体决策和把关，无论是蒯祥，还是杨青、宋礼和蔡信，可能只是负责其中某些具体的工作，如绘图、瓦工、木工等。

其实，过于纠结紫禁城的设计师是谁并无太大意义，毋宁将它看作中国古代建筑师们的“集体杰作”，是咱们中华民族集体智慧的体现，它的身上凝结着太多人的心血和汗水。

·贰·
故宫的曾用名为什么是『紫禁城』

众所周知，故宫的本名叫“紫禁城”，这三个字听起来格调颇高，不过很多人都不知道皇帝取此名的用意，尤其是“紫”这个字，要知道，整个故宫里最多的颜色是红和黄，按这个道理应该叫“红禁城”或者“黄禁城”才对啊！

关于“紫”的解释，我曾听过各种奇葩的理由，有说皇帝是“紫色控”的，有说皇帝喜欢紫衣仙女的。更可笑的，还有说皇帝爱吃紫薯。

紫禁城的“紫”和颜色关系不大，它的得名源于皇帝的一个“癖好”。这个“癖好”是几乎所有皇帝的爱——都爱“中心”，爱站C位（中间位），都是“C位控”，比如坐的龙椅要放中心，吃饭要坐中心，当然住的地方也要是中心。

难道是紫等于中心？这就要从古人对星星的认识开始说起了。

在那个没有现代天文仪器的年代，古人对于头顶上的星星总有一种莫名的“崇拜感”，认为有神仙住在上面。经过长年观测，他们把一部分星星编成了三个小组（紫微、天市、太微），即三个天区，而处于最中央的是“紫微小组”（和《还珠》里的紫薇没关系）叫“紫微垣”，这里是众仙之王天帝的居所，谓之“紫宫”。

在《广雅·释天》里还这样记载：“天宫谓之紫宫。”

天帝住“紫宫”，而人间的帝王作为“天子”，虽然不能飞上天去和老爸住一起，但在人间也得住“紫宫”，至少名字要一样。因此，自东汉开始，皇宫有了新的名称“紫宫”，南朝时，又叫“紫禁”，而北京的皇宫最早建起来时只以“皇城”称呼，到了万历时才改叫“紫禁城”。

用一个特文化的词儿解释，这就叫“天人合一”，或者叫“象天立宫”，天上的天帝有啥，作为儿子的人间皇帝就得有啥！

隆宗门

关于紫禁城的“禁”，寓意这里是皇家禁地，闲杂人等不得入内。在《大明会典》有规定：“擅入宫殿门，杖六十，徒一年；持寸刃入宫殿门者，绞。”虽然宫禁森严，但也不乏狂徒闯宫的事儿。比如嘉庆年间，一个厨子竟神不知鬼不觉地潜伏在神武门内想行刺嘉庆皇帝，当时差点成功，后来被擒，审问原因时竟说自己是受梦境指引，最后被凌迟处死。

还有野史记载，说咸丰年间，一小贩因捡到了宫里侍卫的腰牌，竟堂而皇之混进了宫，并在隆宗门旁卖起了馒头，据说连当时的皇后都经常光顾。如果属实，这小贩真乃“皇宫里做生意”的第一人啊！

皇宫其实最早就是以“禁”来命名的，称“禁中”，据《史记》记载，秦二世和赵高在“禁中”密谋。大才女蔡文姬的父亲蔡邕解释说“禁中”是指守护严密的地方，只有皇帝身边的侍者才能进入。

不过这个“禁”，还有另一层含义，从文字训诂学上考证，它从“示”，示在甲骨文中与“工”同，简单地说，就是禁、示、工三

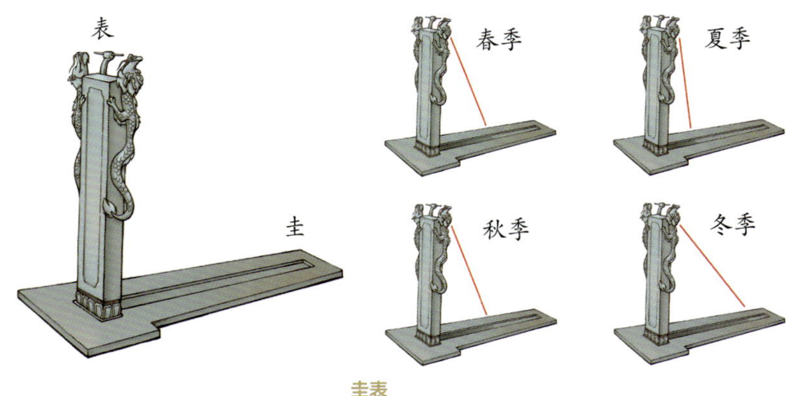

圭表

个字有相同的意思。在《说文解字》里，“工”有这样一种表述——“ㄒ”，它的样子就好像某人拿了个“东西”在测量。这个“某人”是巫师，而他拿的“东西”是测影的圭表，巫师用它来测量日影的长短、高度，以此来预卜吉凶，上传天命。

在早期，巫师是天神在人间的代言人，地位最高，部落老大都得听他的，而他收藏测天神器圭表的地方也被视为禁忌之地。后来，君权代替了神权，神器圭表也由巫师转到了君王手中。故而，巫师专属的“禁”地就被转为君主专属，皇宫也有了“禁中”之名。

所以，“紫禁城”的得名像极了一场“模仿秀”，帝王们都模仿天帝的住处“紫宫”来取名，然后再搞得神秘点。说白了，他们都在寻求一种“安全感”，希望借老天来让自己的皇位获得授权和庇佑。

·叁· 故宫的配色为什么是『番茄炒鸡蛋色』

“红墙黄瓦”是故宫的标准配色，其实这样的色彩搭配和一道中国名菜特别像，番茄炒鸡蛋！那么，皇帝搞装修为什么独爱番茄炒鸡蛋色呢？

在一般人眼中，红色是喜庆色，结婚、孩子满月、过年都得用到它。可皇帝并不是“一般人”，他当初在选择红色时不仅仅因为它喜庆，还看重红色背后多元化的意义。

首先，红色最早被用来代表生命，在古代的图腾文化中，红色、血、生命“三位一体”，比如在山顶洞人那里，凡是没了生命的人，他的身边都会被撒上赤铁矿粉；而对于有生命的人，他们会将贝壳和兽牙染成红色，戴在身上作为一种美的装饰物。

其次，红又和火、太阳联系在了一起，代表着光明和力量。

最后，红色又是“权力之色”。在《太平御览》引《穀梁传》

中有这样一段话："天子丹，诸侯黝，大夫苍。"这里的"丹"就是红色，由此可见，红色还可以象征君主至高无上的权力。

红色不仅在穿着上彰显权力，而且皇帝在给自个儿家刷漆时，它也是不二之选。有史可考，最早在周代，宫殿建筑就开始用红漆，后来汉长乐宫、未央宫，唐大明宫、兴庆宫等也都延续了这一传统，而紫禁城作为中国皇宫里年纪最小的"弟弟"，也只是仿照大哥们的风格来装修。

综合来说，红色不仅代表了吉祥、喜庆、威严，同时也是权力的象征。

黄色琉璃瓦，明清时是皇家专用瓦，尤其是那抹黄色，皇帝们都爱，谁也不给用，这也是"特权"。

在《清式营造则例》里就规定：琉璃瓦的颜色很多，但以黄、绿二色为最基本。黄色主要是皇帝宫殿和庙宇所用，而绿色主要用于王府。此外，黑、紫、蓝、红等颜色多用于离宫别馆。

其实在中国文化中，颜色不仅仅是"颜色"，它往往被贴上很多神秘的标签，最常见的，就是把红、黑、黄、青、白五色和阴阳五行、东西南北中五方联系在一起，搞一些配对。基本形式如下：

红色是火，代表南方。

黑色是水，代表北方。

黄色是土，代表中央。

青色是木，代表东方。

白色是金，代表西方。

虽然咱们老说“金木水火土”，搞得好像“水”在中央，但实际上，“土”才是被大家众星拱月地捧着，它在最中央，代表了皇帝和政权。毕竟在古人心目中，土地是衣食父母，每个人都离不开它，这或许也是皇帝总喜欢用“土”来标榜自己的原因之一。

金木水火土不是“死”的五种东西，它们就像五个人，会谈恋爱，也会拉仇恨，比如水和木，两人爱得死去活来，木头得到了水的滋养，长得又高又壮。相反，木和土就不对付，树木会把土踩在脚下，两人就跟仇人一样，这就是我们常说的“五行相生相克”。

故宫的红黄配色之谜也和“五行”的爱恨情仇有关，红色代表了火，黄色是土，而火和土刚好就是像“恋人”一样“浓情蜜意”，土经过火的淬炼，越烧越坚硬，它可以变成牢固的砖、瓦，也可以变成美丽的陶器、瓷器，火真正是把土化腐朽为神奇了。

故宫里的红墙和黄瓦，红色的宫墙和柱子“烧着”黄色的屋顶，这“红火”烧得越旺，“黄土”象征的帝王们也就越旺，国家的政权也就越稳固。

红色，火，也是南方之色，或许是因为古人观察到南方气候炎热，与火的特性相似，所以，故宫的南门，那个经常被讹传为“斩

故宫里的红色“燃烧着”黄色

故宫垂脊

首之地”的午门也用了很多红色，比如檐下的彩绘。同时，从色彩学上来说，黄红属于暖色，蓝绿属于冷色，冷暖色对比互补，可以相互衬托，凸显其富丽堂皇、金碧辉煌之感。

大红色的柱子、黄色的屋脊与青绿色的彩画搭配，看着这样的配色，不得不佩服宫里的“色彩搭配师”们，它让故宫有了一种光大、吉祥、美好之感，在视觉上非常舒服。

不过，除了红黄的主色调，其他颜色也挺有讲究，这些颜色大多在屋顶的琉璃瓦上。南三所是皇子们生活的地方，屋顶为绿色琉璃瓦，因为这里位居东方，代表木，主生长，用绿色瓦顶，祈愿皇子们能像树木一样茁壮成长。

文华殿后面的文渊阁，它的屋顶是黑色琉璃瓦，因为这里是乾隆打算珍藏《四库全书》的“图书馆”，书怕火，需要水，所以用黑色琉璃瓦，取以水克火之意，祈求这里不会失火。

神武门边上有两排矮房子也是黑色琉璃瓦，因为此处位于故宫之北，暗含了黑色代表北方之意。

另外还有一些彩色琉璃瓦，它们大多在花园中，有一种闲适、轻松、明快之感。

·肆·

故宫有两个相伴了600年的『小伙伴』

600 年的岁月里，故宫并不孤单，它的身边有两个“小伙伴”，它们从出生就在一起，每天除了互问早安、晚安，还会各种八卦，聊聊 600 年间这里住过的人、发生过的事。

这两个“小伙伴”，一个叫太庙，另一个叫社稷坛。不过，这是它们曾经的名字。现在，太庙改成了劳动人民文化宫，社稷坛改为了中山公园。

有人会问：“为什么非要在故宫的两边建庙和坛呢，难道真是怕它寂寞，安排两个‘小伙伴’陪它？”

当然不是，皇宫两边建太庙和社稷坛，古已有之，这是一种礼制文化。

据中国古代经典建筑学著作《考工记》：“匠人营国，方九里，旁三门，国中九经、九纬，经涂九轨，左祖右社，面朝后市，市朝一夫。”

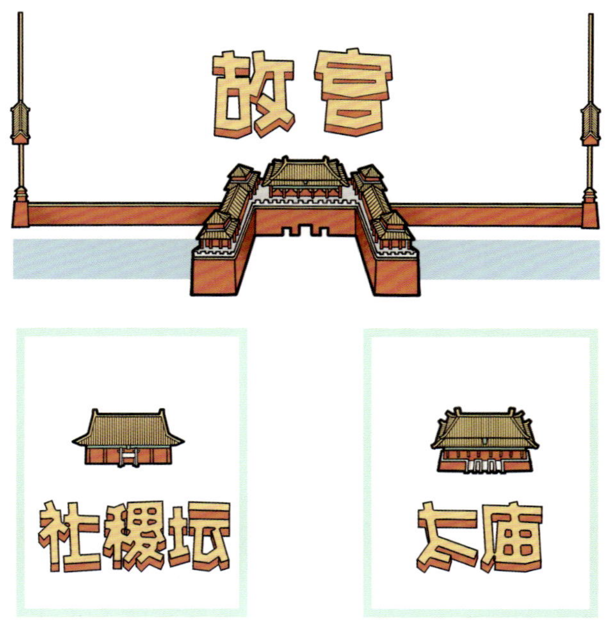

社稷坛和太庙示意图

这段话揭示了古人在建都城时的一种“理想模型”：整个城市呈方形，四边每边开三个门，共 12 门，12 门之间又有横竖九条九车道的大马路相连，同时，皇帝的宫城设在中心，市场在它北面，左边建太庙，右边建社稷坛。

理想很丰满，现实很骨感。虽然这样的帝都模型看起来很完美，但城市建设还得考虑各种环境和人文因素，实际建设不可能完全按照教科书的模型来，像规矩的方形布局或者九车道的大马路就有很多地方建不了，不过，有一个规则倒是很多王朝都会遵循——“左祖右社”。比如唐长安城、元大都城、明南京皇宫，基本都是遵循左边建太庙，右边建社稷坛的建筑思路。

据记载，当年北京城开始建设时，大老板朱棣就给了指示：“亲们，咱们建北京城，往‘豪’了建，钱不是问题，不过像坛庙、宫殿、城门这些都得和南京的规制一样！”说白了，南京城有啥，北京就得有啥，因此，作为南京皇宫的复制版，北京皇宫的左、右两边也必须建太庙和社稷坛。

“九经九纬”示意图

太庙是皇帝祭祀祖先的地方，身份尊贵，每逢年节或者遇有大事，皇帝都会去太庙里给祖宗们磕头上香。

太庙的祭祀属于大祀，等级非常高，一年中不同时间，这里都会有祭祀活动，比如春、夏、秋、冬的第一个月，要在太庙举行时享。古人感慨四季轮回，触景生情想起了过世的亲人：“原来你已经离开我们这么久了”“天气冷，在那边秋裤够不够穿”“春天花开了，你在那边是不是也这样”……

又如告祭，这是遇到登基、册立皇后、御驾亲征等大事儿举行的祭祀，其实就是去太庙和祖宗们念叨念叨：“爸、爷、太爷、太太太爷，今天我娶媳妇了”“今天我把二蛋立为太子了”“今天我要去打仗了，可得保佑我别被打败了”！

每逢祭祀前，皇帝还得受点煎熬，比如前三天，不准吃肉、喝酒、开宴会，尤其不能翻牌子，严禁女色，这都是为了在祖先面前保持庄重、纯洁和肃穆。

虽然这些祭祀看起来神神道道，过程又复杂，但这是我们孝道文化的一种体现，“为之宗庙，以鬼享之；春秋祭祀，以时思之。生事爱敬，死事哀戚……”。《孝经》里的这些文字道出了祭祀祖先的真意，父母活着的时候我们要侍奉，去世了也要把他们当成在世时那样去尽孝。怎么“当成”呢？就是家里要有祖先牌位，平时要上香，逢年过节要摆供品，还有一系列仪式，皇帝家搞祭祀其实也是这个道理。

社稷坛是祭祀社神和稷神的地方。太社之神，相传名叫“句龙”，他是神农氏的第十一世孙，掌管天下土地。太稷之神叫“弃”，相传帝尧知道他有种粮食的“神技”，特将其封为“农师”，后来他得道成仙，被神化为“五谷之神”。

社和稷，一个土地，一个五谷粮食，两者都是百姓最离不开的东西，它们也是立国之本，所以常用“社稷”来代指国家，古装剧里皇帝们常挂嘴边的“江山社稷”就和此有关。

社稷坛不如太庙庄严厚重，反而还透着一种“欢乐感”，因为它的坛面是彩色，铺了五种颜色的土。这些土可不是染色土，它们的颜色绝对天然，是全国五个地区的优质土，比如红土来自浙江、福建、两广地区，白土产自江西、湖广、陕西，青色土从山东来，黑色土产自北京，中间的黄土取自河南（明、清两朝社稷坛取土处稍有不同）。

这五个区域刚好符合东、南、西、北、中五方，每方弄点土铺在坛面代表了“普天之下莫非王土”，也是国家政权统一的象征，同时在整个坛的中央还有一石柱，名“社主石”，代表了江山永固。

有人说设立这“一坛一庙”是皇帝爱折腾，封建皇权的痕迹太重。实际上，它们体现了我们传统文化的一种精神——感恩。设立太庙是感谢祖先赐予了生命，也希望得到祖先庇佑让这血脉能够延续。设立社稷坛是感谢大地和五谷，二者共同滋养着我们的生命，护佑着我们成长。

社稷坛里的五色土

如今的太庙和社稷坛早已脱去了皇家禁地的神秘外衣，它们变成了人民的公园，每天都有很多人在里面跳舞、练剑、打太极，还有的新人会专门选择在这里拍婚纱照。真不敢想象，如果600年前的永乐大帝看到自己辛苦营造的“祭祀基地”如今变成了“广场舞基地”“婚纱照基地”“赏花基地”，会不会气得吐血呢？

·伍· 故宫为什么被称为史上『最贵二手房』

前些年看到过一个新闻，说是故宫附近某神秘四合院卖了 25 亿元的天价，这个“附近”不知道有多近，神秘买家也不知是谁，但和故宫做邻居，每天能在宫前遛弯，时不时还能买个门票进宫散散心，感觉也挺惬意的。

这个四合院被戏称为“最贵二手房”，不过，我总觉得它配不上“最贵”二字，因为它旁边这个拥有着 600 年房龄、占地 72 万平方米、建筑面积 15 万平方米的皇家超豪华四合院故宫才是“最贵”。这里的“贵”，并不是说有多值钱，而是最“珍贵”、最“精贵”、最“华贵”。

故宫只有在第一代主人永乐皇帝朱棣那儿才算新房，从他开始一直到末代皇帝溥仪，这座皇家超豪华四合院一共转手 26 次，住过 24 个皇帝。

虽然是“二手房”，里面还死过无数人，这要在民间绝对是

“凶宅”级别，但24位房客谁也不嫌弃，还住得很欢。作为二手房，故宫非常抢手。

这些故宫房客都有谁呢？先从明朝说起。明有16帝，除了朱元璋、朱允炆在南京生活外，其余14帝都在北京，紫禁城转手13次。都说明朝的年号不好记，下面编个顺口溜，多念几遍就记牢了：“洪建永洪宣，正统景天成。弘正嘉隆万，泰昌天启崇。”

到了清朝，除了努尔哈赤和皇太极外，其余10帝都住在北京紫禁城，转手10次。清朝皇帝的名字或年号就比较好记了，宫斗剧太多，想记不住都难，编个顺口溜，给你强化一下：“努皇顺康、雍乾嘉道、咸同光宣。”

除了这些“名正言顺”的皇帝外，故宫里还住过一个“背包客”，他来也匆匆，去也匆匆，总共停留时间也就40天左右。

他就是明末农民起义军的首领李自成。

当年他攻破北京后，立马入住紫禁城，堂而皇之地把崇祯住过的武英殿当成自己的办公室兼卧室。他享用着崇祯的一切，宝座、龙床……

可屁股还没坐热，吴三桂和清军就赶到了，李闯王抵挡不过，决定撤退，不过他始终没忘了登基这事，在撤退前一天，他在武英殿登了基。

哪怕能在紫禁城当一天皇帝也行！李闯王拼杀十多年，好不容易才有今日。

可是登基后时间不长，仅仅24小时，李闯王就撤退了。不过在撤退之前，李闯王一把火扔进了紫禁城中。瞬间，整座皇宫成了火海，大部分木头殿都被烧毁，尤其是前朝三大殿，损失惨重，以至于之后住进来的顺治皇帝只能在太和门里登基。

故宫武英殿

李闯王好歹还在紫禁城住了 40 多天，可另外一个人就没那么幸运了，他拼命要往宫里搬，可最后还是没住进去，就差一步！这个人就是袁世凯。

袁世凯有“皇帝梦”，他本打算在 1916 年 1 月 1 日搞登基大典，为此还提前弄了彩排，名曰“百官朝贺会”。这场大会没有在紫禁城举行，地点选在了中南海。

据记载，朝贺会因为举办仓促，各项仪式都很杂乱，尤其是主角袁世凯，竟然裹了个军大衣就来了，连龙袍都没穿，其实他自个儿也不知道该做些啥，底下的人更是云里雾里。在参拜时，大家都不清楚该喊什么，有高呼“皇帝万岁”的，还有喊“大总统万岁”的，反正整个场面就和菜市场差不多。

“百官朝贺会”就这么乱糟糟地结束了，袁世凯满心期待着登基大典的到来，可这时候国民声讨太激烈，又加之云南的蔡锷、唐继尧等人搞起了护国运动，袁大头只得延后登基的日子，结果这一推就遥遥无期，四个月以后，身患尿毒症的他闭上了眼，登基日期也只能到阴间去确定了。

这么算算，袁世凯的紫禁城入住手续只差一步就办完了，可惜啊，历史有时候就像个爱捣蛋的小顽皮，你快成功时，他就偏让你差一步，气死你，气死你！

除了他们，其实还有一位“房客”，就是我们自己——千千万万的普通老百姓！虽然我们不能真的住在里面，但现在这座皇宫已经从皇帝那儿转到了人民的手中，真正成了人民的博物院。

·陆·
故宫的超级守护神兽是什么

请答题：故宫的守护神兽是什么？

A. 龙　B. 凤　C. 狮子　D. 麒麟

相信很多小伙伴会直接选 A，毕竟故宫是真龙天子的家，整个宫里最多的神兽就是龙，彩绘有龙，柱子有龙，连最不起眼的桥栏杆上也画有龙，粗略统计，整个宫里大概有五万条龙！感觉应该给紫禁城取个小名：“五万龙宫”。

四个选项，其实都算正确答案，因为四只神兽在故宫里都有住处，它们默默地守护着故宫，600 年来看尽故宫的沧桑剧变。

除了它们，故宫里还有一只“超级守护神兽”，它体形庞大，长得威严，而且还会变身术，有时以兽的形象出现，有时又幻化成人。

这只超兽有一个很霸气的名字——“玄武”。

玄武和青龙、白虎、朱雀并称为“中国神兽四兄弟”，它们的诞生和古人对星星的幻想有关。早在很早以前，古人就把天上的星星划分为28个星座，又称二十八星宿，其中，南方的群星形似大鸟，称“朱雀”；东方的群星形似龙，称“青龙”；西方的群星形似虎，称“白虎”；而北方的群星形似龟和蛇，称“玄武”。

玄武兽，拍摄于首都博物馆

把这些群星看成四种动物，真的很佩服古人的想象力！四神兽中，玄武长得最神奇，龟和蛇相互缠绕，而且还四目相对，深情款款，完全是最会“秀恩爱”的神兽。

传说中的玄武是镇守北方的大神，在中国古代传统文化中，“玄”就有“北”的含义。在古人心目中，北方是苦寒之地，常年下雪，还到处都是水，所以，玄武又身兼水神。

作为北方神和水神的玄武是很多皇帝的守护神，比如北宋，因为开国之初老受到北方辽国的威胁，所以他们就将北方大神玄武视为保护神，希望能得到庇佑。在大中祥符年间，为了避圣祖赵玄朗的名讳，把玄武改叫“真武”。之后的元朝因为本身就来自北方，所以自然而然地对真武（玄武）抱有亲切感，把它视作保护神。

那么，玄武是怎么当上故宫的“超级守护神兽”的呢？这要从明成祖朱棣说起。

朱棣虽然是个皇帝，却很爱“演戏”。当年搞“靖难之役”时，为了鼓舞士气，稳定军心，他搬出了真武大神，多次上演“真武

cosplay”大戏。据记载，朱棣多次在乌云密布之时，突然就全身颤抖，头发散开，鞋也蹬得老远，还举起大旗扮真武大神，因为这个形象据说就是真武的样子（“披发跣足、金甲玄袍、皂纛玄旗”），造型可参见曾经红极一时的“犀利哥”，而且在两军交战时，朱棣会冷不丁地让手下在空中挥舞写着“真武”两字的大旗，让敌人以为神真的来了，取得胜利后，朱棣彻底离不开真武，把它视作了保护神：

一、他觉得是真武护佑着他当上了皇帝；

二、正好可以借真武之名告诉所有人，他搞靖难之役不是篡位，是神让他当皇帝的；

三、他的大本营在北京，本就属于北方，有真武的保佑，他有安全感。

最后，他想告诉大家，他和他老爸朱元璋是最亲的，当年真武帮助过朱元璋，现在来帮他（注：传说朱元璋和陈友谅交战时，因躲入武当山真武庙得以逃过追兵）。简单点来说，朱棣借真武大神来为自己当皇帝寻求合法性。

朱棣太爱玄武，没有它就没有安全感，所以在建紫禁城时，他也把玄武请了进来。作为皇宫的超级守护神，玄武会被安置在哪里呢？

第一处，在紫禁城中，有一条弯弯曲曲的河，金水河，而在它的北面有一座小山，景山。这两个东西组合起来，像不像蛇（金水河）和龟（景山像龟背）的合体呢！

第二处，在紫禁城的北部修建了供奉真武大帝的钦安殿，直接把人形的“玄武”给请进宫来。

钦安殿内有玄武铜像一座，他手持宝剑，光着脚，神态庄严，传说这个形象就是根据朱棣的样子来做的。在铜像前还有一个铜质

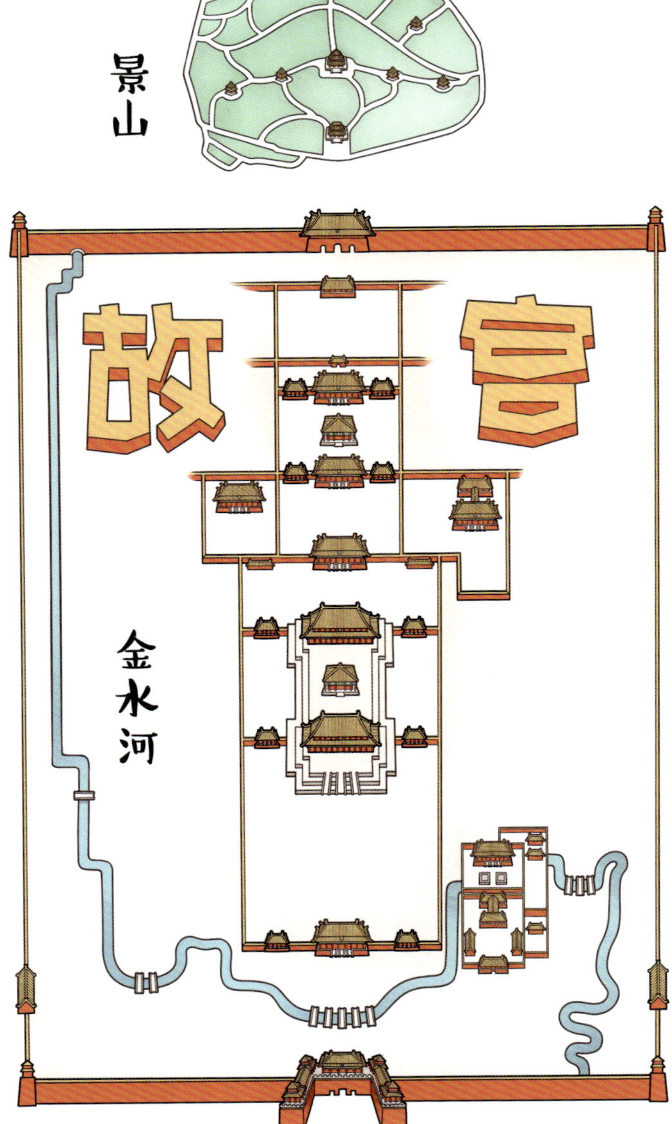

金水河走势和北面的景山示意图

的龟蛇合体像和“玄天上帝”神牌一座，座前有水、火二将和金童玉女。

不知是巧合还是真的玄武显灵，钦安殿自建成至今都没着过火！有野史传说，宫里太监时不时地会在乌云密布、狂风大作时看到钦安殿屋顶上坐着个人，他光着脚、披着头发，手里还拿着宝剑，这个造型不禁让人有种“遐想”：难道是真武大帝刚洗完头出来吹头发吗？！

钦安殿

建筑篇

——宫里的建筑都有什么讲究

·壹·

故宫的半个房间在哪里

故宫里除了人多，房间也多。传说宫里的房间数为 9999 间半，这个设计据说来自皇帝的一个梦。

关于这个梦，版本很多，但梦的内容大体上都差不多：

某天，朱棣做了一个梦，梦中，他飞到了天宫，并且偶遇上了正在遛弯儿的天帝。天帝挺热情，带着他游天宫，游着游着，天帝突然压低嗓子，神秘地给了朱棣一个暗示："我这天宫有 10000 间房哦！"刚说完，朱棣就醒了。

"10000 间房？我的天爸爸到底想表达什么呢？"正想着，外面有人来报，说是北京的皇宫设计师问要建多少间房，朱棣一拍脑袋，恍然大悟，"这是天爸爸知道我要建房，给我提示呢！"

既然天宫有 10000 间房，那一定不能超过天爸爸，但又不能建得太少，干脆来个 9999 间半吧，于是乎，北京紫禁城就有了半个房间的说法。

文渊阁，“半间房”的大致位置如箭头所指

虽然传说一般都不可信，何况这还是个“传说 + 梦”，不过，有很多人都言之凿凿地说半间房真的有，它的位置就在文渊阁二楼楼梯间的西尽头。

这个房间是挺小的，它能算半间房吗？

要回答这个问题，得先知道什么叫“一间房”。

古人一般用“间”来表示建筑物的大小，比如面阔或者进深多少间，这个“间”指的是四根柱子围合起来的空间，称“四柱为一间”。

根据这样的算法，“半间房”难道是只有两根柱子围合的空间？但是这样的房间似乎是不存在的，而刚才说的那半间房其实也算一间，只是它面积比较小而已。

说到这里，相信眼尖的小伙伴已经发现了文渊阁的端倪，它的比例不太对，太不协调了，最西边怎么多了两个那么小的窗户？

按照“四柱为一间”的算法，文渊阁上、下两层应该是面阔六间。

古人把奇数称为阳数，偶数称为阴数。紫禁城以皇权为尊，阳为主，所以一般建筑物的面阔和进深都建成奇数。同时，古人建房讲究对称性，尤其在皇宫中，建筑物做成奇数开间，有利于把正中那间（明间）的地位凸显出来，因为这里一般是皇帝专座，必须是“C 位”（中间位）！

而文渊阁却建了偶数间，这在整个宫里是唯一一例，之所以这么建，不是当年工匠搞错了，而是源于乾隆皇帝的“矫情”。

文渊阁是乾隆的藏书楼兼阅览室，这里存放着《四库全书》，整个阁的设计仿照了宁波的天一阁。

天一阁修建于明嘉靖年间，最早是兵部侍郎范钦的藏书楼，被誉为民间藏书楼的典范。

文澜阁

乾隆当年下江南特别喜欢天一阁，所以回宫后下令仿照天一阁建成了现在的文渊阁、文澜阁等藏书楼，因此六间的设计源头在天一阁。

可单建成六间没法凸显中心明间的地位，所以为了仿照天一阁，兼顾对称性，同时也凸显出中间明间的地位，工匠们绞尽脑汁，终于想出了这个办法，把最西边做成一个超小间，这样从外观看，还是五大间的格局，明间依然在最中间。

这个办法看起来有点自欺欺人，但乾隆很满意，或许有时候人活在谎言中，只要自己相信，也会开心快乐，也挺好的。

既然半间房的说法不成立，那么故宫里到底有多少间房呢？

在 20 世纪七八十年代，有故宫专家专门统计过，故宫的房间大概有 8700 间，在很多关于故宫的解说词或者科普中都用了这个数据。

不过，原故宫博物院院长单霁翔先生用 5 个月的时间，踏破布鞋 20 余双走遍故宫几乎所有的房间，得出的数字是 9000 多间，很多媒体将单先生称为："第一个走遍故宫 9000 多房间的人。"

不管 8000 间还是 9000 间，房间数就是个数字，我们去故宫更应该关注的，是每间房身上所承载的故事，建筑、历史、文化、哲学等方面的故事，它们比数房间更有趣，也更有意义。

·贰·

故宫的屋顶为什么长得不一样

故宫里房子多，自然屋顶也多，这些屋顶长得“五花八门”，自动地组成了一个“屋顶兄弟连”，其中有大哥、二哥、三弟，对了，还有个身材极好，长着一头卷发的小妹。

首先出场的是大哥，它是最高等级的屋顶，长得威武，名字也牛，叫重檐庑殿顶。它常年坐镇太和殿，有种傲视群“顶”的感觉。

重檐，即两层屋檐的意思。庑殿顶，又称“五脊四坡式”，它由最正中的一条屋脊和以此分出来的四条垂脊组合而成，其还有个很形象的名字“四出水”，那四条垂脊就好像从正脊出来的四股水流一样。

重檐庑殿顶是屋顶界的最高等级，经常用在皇宫或者寺庙的正殿，比如上面提到的太和殿，还有孔庙的大成殿，等等。

乾清宫的重檐庑殿顶

重檐庑殿顶是老大，接下来是老二，它叫歇山顶，如果是两层屋檐就叫“重檐歇山顶”，它的特点是屋脊很多，数一数总共是九条，所以又有“九脊顶”之名。

这个老二歇山顶和大哥庑殿顶的区别就是，大哥的垂脊垂得特别顺，跟用了洗发水一样，而歇山顶感觉像是用了劣质洗发水，本来想像大哥一样柔顺地垂下来，可惜洗发水质量差，垂着垂着就分叉了，形成了戗脊。

南方的建筑用歇山顶的特别多，像江南园林里的拙政园、狮子

太和门的重檐歇山顶

林、留园等都有很多歇山顶式建筑。

屋顶界排行第三的是一个“好男人”，它既顾家，又护妻，名字叫悬山顶，这个“悬”字很形象，整个屋顶超出了它底下的这面墙（山墙），就好像是屋顶悬在了山墙之上，故得名。

悬山顶在南方民居里特别常见，因为南方雨水多，屋顶悬在山墙上保护了整个墙体不受雨水侵蚀，每次看着它，我都觉得悬山顶真是个“好男人”，用它伟岸的身躯一直保护着它身下的“妻子”（山墙），绝对的“护妻狂魔”。

接下来出场的这位是屋顶界的老四，我称它为“硬汉”，刚好其名字里也带着“硬”，叫硬山顶。

和“护妻狂魔”悬山顶比起来，硬山顶没有悬在山墙之上，而是直接和山墙融为一体，也可以说它们紧紧地贴在了一起，远看就像一座硬硬的小山。

悬山顶

硬山顶

这种屋顶在北方比较多见，因为北方天干物燥，风沙也大，万一屋子起火，硬山顶可以用它硬朗的胸膛防止火势蔓延，真是“汉子”一条！不过硬山顶的等级较低，一般用于民居建筑。

以上说的这四种屋顶有等级之分，梁思成先生曾经就做过考证：“屋顶等第制度，明清仍沿前朝之制，以四阿（庑殿）为最尊，九脊（歇山）次之，挑山又次之，硬山为下。”

简单排序就是：庑殿顶 > 歇山顶 > 悬山顶 > 硬山顶，重檐（两层屋檐）高于单檐。

除了这几种有三六九等之分的屋顶外，宫里还有其他一些小兄弟，它们不分高低，都是“好哥们儿”。

比如“头盔哥”，它长得像一顶头盔，名字就叫“盝顶”，在故宫的文渊阁旁有个碑亭就用了盝顶。

还有和“头盔哥”长得很像的“顶球哥”，它的特点是四条垂脊汇聚到顶上那个圆球，正式名称叫“攒尖顶”。故宫的中和殿、交泰殿都用这种屋顶。“顶球哥”是个“逍遥派”，经常出没于各大园林之中，中国很多园子里的亭式建筑都用这种屋顶。

文渊阁旁的盝顶

接下来是“素颜妹妹”卷棚顶，和其他哥哥不同，它的正脊是一个小坡，弧形，就好像一头小卷发，它也不爱化妆，都是以本色素颜示人。卷棚顶一般不用在重要建筑上，在皇宫里，它通常用在太监和宫女们住的屋顶上。不过在民间，老百姓倒

中和殿的攒尖顶

是常用它，尤其在一些私家园林里，卷棚顶经常被用来做亭子或水榭之类的屋顶。

卷棚顶有时会几个一起出现，就好像“小姐妹们”在勾肩搭背“聊”着宫里事，这种叫“勾连搭卷棚顶”，如果勾得多，就形成三波浪、四波浪或者多波浪勾连搭。很多人都担心这种勾连搭式卷棚顶的排水问题，其实古人早想到了，他们会在几个卷棚顶的连接处，设计一个中间高两边低的小坡，这样积水问题就完美地解决了。

故宫里的勾连搭卷棚顶以及排水设计

这么多“千奇百怪”的屋顶形成了故宫里一道独特的“抬头风景”，下次大家再去故宫，可以抬头看看它们。

·叁·

故宫的门窗上为什么有些花哨的图案

俗话说“一门一窗一世界”，门窗就好像是建筑物的眼睛，故宫里的房间多，自然“眼睛”也多，而且这些“眼睛”长得都很炫，上面还装饰了许多“花里胡哨”的图案。

宫里的门和窗大多采用的是槅扇，也称槅扇门或槅扇窗。槅扇里，最富于变化，也是工匠们可以大做文章的部分就是槅心。尤其是皇帝，他为了凸显自己“九五之尊”的地位，会“光明正大”地在槅心处藏进很多小心思。

比如，他会在最重要的宫殿门窗上采用一种很有格调的槅心图案——“三交六椀菱花”。这种图案由三根木条（棂条）相交而成，如果以相交处的圆心为中心来看，这就是一个六片花瓣组成的菱花，而在每个三角形的中间都有一个圆形，就好像碗一样，因此得名“三交六椀菱花”，古人取名真是又美又形象。这种槅心图案为最高等级，有专家认为三根棂条相交，代表天地相交而万物生，听起来很有寓意。

太和殿的槅心图案之三交六椀菱花

三交六椀菱花形在实际使用过程中又会根据宫殿性质做出一些小改变，如太和殿是三交六椀菱花，中规中矩，庄严肃穆，因为这是宫里举行重大典礼才会开启的宫殿，等级最高，所以用这种图案。

而中和殿的等级虽低于太和殿，但也位于中轴线上，所以用的是“三交六椀嵌艾叶菱花”形，有了艾叶的加入，看起来就没有太和殿那么庄严。又如养心门，它使用的依然是“三交六椀菱花”式，但整体呈圆形，叫“三交灯球嵌六椀菱花”。

三交六椀菱花是门窗图案里的最高等级，比它稍低一等的是“双交四椀菱花”形，三交少了一交，变双交，经典代表就是《甄嬛传》里那个喊着“臣妾做不到”的乌拉那拉皇后所住的景仁宫。它的特点是两根木条（棂条）相交，交点以菱花做钉并分散出四片花瓣，形状像四个圆碗，故名“双交四椀菱花”形。

槅心图案之双交四椀菱花

这种双交形制还有正交和斜交之分，斜交就如同上面所说的景仁宫，正交的例子在太和门西侧的廊庑。

除了上面那些千变万化的“碗＋菱花”的图案外，宫里很多屋子也会使用普通的木条来装饰槅心。比如横竖结合，如同一个个小豆腐块的图案，这叫正方格，它还有个“兄弟”，叫“斜方格”。

故宫里的“正方格”和“斜方格”

同时，有一种图案看起来普通，但名字非同寻常——“一码三箭”。它的特点就是在槅心的中间部分穿过三根木条，就像三支箭。据说这种样式的得名取自老子《道德经》：“道生一，一生二，二生三，三生万物。”有时，也会穿四支或五支“箭”。

“一码三箭”

宫里还有用一些复杂图案来做槅心的，比如“灯笼锦”，它中间的灯笼心面积大，透光性好。

再如“步步锦”，它的特点就是棂条从外往里逐渐缩紧，其实它最初就是叫“步步紧”，后来取吉祥寓意把“紧”改为了

灯笼锦

“锦”。在“步步锦”的图案中会经常用到一个装饰——“卧蚕”（见右图），顾名思义，它两头微微凸起，就像一条卧着要吐丝的春蚕一样。

“步步锦”和“卧蚕纹”

在故宫的绛雪轩，还有非常经典的“卐”字纹团，在“卐”字周围通常还会点缀上“寿”字、蝙蝠等图案，寓意万寿无疆、万福大德。

绛雪轩的“卐”字纹

最后隆重介绍御花园摛藻堂的“冰裂纹”，它就像初春时大地回暖，冰裂开的样子，名“冰裂纹”。这种图案经常被用在书房的门窗上。

关于冰裂纹的寓意，说法比较多，有人认为这是春天到来，大地复苏的象征，有希望之意；还有人说用在书房上，是鼓励读书人要坚持，要懂得“冰冻三尺，非一日之寒”的道理。

故宫里的门窗图案千变万化，既有等级的区分、吉祥的寓意，又兼顾了美感。这些图案一遇到阳光就会“开花”——窗格的图案洒在地面上，非常绚丽。

摛藻堂的冰裂纹

·肆· 前朝三大殿为什么非要建在『土』字形须弥座上

相信大部分来过故宫的人，手机里都会有一张和故宫三大殿的合影，然后再发个朋友圈："故宫我来了！"

前朝三大殿是故宫中轴线上最壮丽的部分，它们坐落在高高的石台上，如果你从天空俯瞰，这个石台是一个大大的"土"字形，古人还给它取了个好听的名字——须弥座。

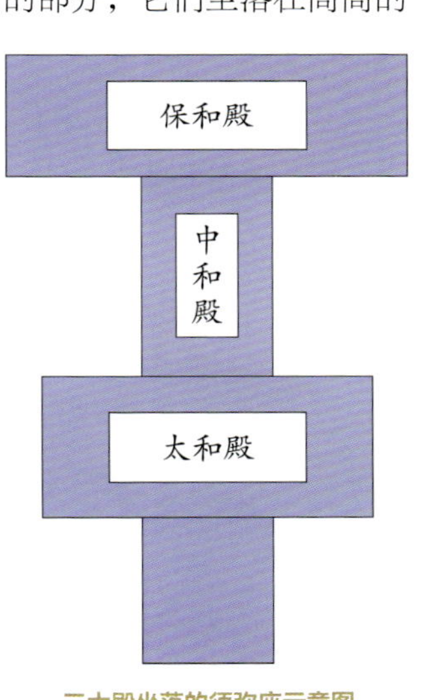

三大殿坐落的须弥座示意图

那么，皇帝为什么要把三大殿建在一个高台上，还特意弄成了"土"字形呢?

首先来看这个石台的高度。这个石台高 8 米左右，站在上面往下看，视野相当好，可以 360 度全景俯瞰三大殿区域，完全就是故宫的最佳观景平台。不过这个石台最初设计时并不是为了给皇帝看风景的，它有很多的讲究。

从实用性的角度来说，这样的高台让木结构大殿免受水淹，可以防潮、防水，还可以防震，增强建筑的稳定性。

这样的高台设计并不是明清皇帝的创意，自古以来，帝王们就崇尚“高台榭，美宫室”的建筑风格，比如晋灵公当年就想造九层台，可惜造了三年也没完工；楚国造“章华台”，这台子很牛，又叫“三休台”，据说登台时得休息三次才能到顶；还有秦的咸阳宫、阿房宫，唐代的大明宫等都有高台建筑，反正皇帝就是个“高台控”，也许站得越高，皇帝的成就感越强吧。

宫殿建在高台上也是等级的体现，越是等级高的大殿，其台基也越大，像前朝三大殿，尤其是太和殿，这是宫里乃至全国等级最高的一座，它的台基当然得最大，大到什么程度呢？东西长 64 米，南北宽 37.21 米，建筑面积达到了 2381.44 平方米。

这个石台基除了高和大之外，名字也很响亮——“须弥座”。关于“须弥”，《西游记》里曾写到过一座“小须弥山”，在这山上还住着位灵吉菩萨，正是他给了孙悟空定风丹，孙悟空才制服黄风怪。

那么，故宫里的“须弥座”和《西游记》里提到的“小须弥山”是一个意思吗？

武英殿单层须弥座

乾清宫的月台和前面的一段长路组成了“须弥座月台及甬路”

其实“须弥座”最初指的是佛陀坐的石座。据梁思成先生考证，“须弥”二字最早来自佛经，还可以翻译成“迷修楼”，据说这是喜马拉雅山的音译，在古印度人眼中，这座圣山是世界的中心，佛陀坐在圣山上，寓意佛法无边，比世界上最高的山还要博大，同时也显示佛的伟大和对佛的崇敬。

须弥座在故宫里有好几种形式，像三大殿下面的是最高等级，又叫“三崇须弥座高台”。除此之外，还有单层须弥座高台，比如武英殿、奉先殿，它们的等级就比较低了。

最后还有一种叫“须弥座月台及甬路”，它的样子就好像一个大写的英文字母“T”，乾清宫就用了这种形制。

这个须弥座的石台基从空中俯瞰是一个大大的“土”字，这么设计倒不是因为皇帝很“土”，而是他有“恋土情结”。在皇帝眼中，“土”可是个好东西，因为根据阴阳五行学说，金木水火土，土位居中央，把石台基做成土字形，寓意着这里是天下的中心，皇帝是中心的中心。

同时，“土”还代表了江山社稷，这里将石台基做成天下最稳固的“土”，暗含了江山永固、社稷安康之意。

·伍· 故宫里的门槛真的不能踩吗

总有人说故宫里的门槛不能踩，万一踩了会冲撞神灵，严重的还可能招来一连串恐怖的事情。这个传闻简直“怪力乱神”。就因为它，我曾在宫里看过好多老人蹑手蹑脚地带着孩子跨门槛，嘴里还念叨着“阿弥陀佛”。

门槛属于宫里的一部分，它处于两柱之间，地面之上，实为安装大门所用。除此之外，它还有很多讲究：

首先，宫里的门都高大，如果不设门槛的话，门和地面之间会有很大的缝隙，万一有蛇虫鼠蚁爬进门里，那就不好了。

其次，门槛还可以起到防尘防水的作用；到了冬天，防风的作用也很明显，古代本来就没有暖气，取暖设备也有限，如果门下面没有门槛，露条缝，真的是要冻成“冰棍”了。

最后，古人认为门槛是有“灵性”之物，在风水理论中，它可以挡住外面的阴气，而且还可以让主人家的财气不外漏。

正因为门槛有如此多的讲究，所以无论在宫里还是民间，门槛都是不准踩的。踩门槛是对主人家的不敬。另外，总踩门槛也会对门槛造成损坏。尤其在故宫，每天八万人乌泱泱地进宫，要是每人都去踩一脚，估计门槛早就被踏平了。

宫里的门槛大多都安在门下，不过仍有一些是被人为地拆了下来。比如螽斯门附近就有一根，很多小朋友将它误认为巧克力棒，但实际上，这只是根包了防护铁皮的门槛而已。同时，为了放置这些“拆”下来的门槛，宫人们还会专门“量槛打造”汉白玉的石座，待遇真是好。

包了铁皮的门槛

这些门槛怎么会被锯下来呢？谁有这么大的胆子？

这个大胆的人就是末代皇帝溥仪，在《我的前半生》中，他回忆了自己锯门槛的原因：“后来我学会了骑自行车，下令把宫门的门槛一律锯掉，这样出入无阻地到处骑……”在电影《末代皇帝》里就有溥仪骑自行车的场景。

据记载，溥仪的第一辆自行车是堂弟溥佳在溥仪 16 岁时送给他的礼物，为此溥佳还被宫廷师傅陈宝琛骂了一顿，说他：“不应该将这种危险之物进呈给皇上，摔坏了皇上，如何了得！”不过溥仪倒是很开心，他当即就骑了起来，而且兴趣越来越浓，每天都得满宫里骑好几圈。为了更方便骑行，他命人拆除了宫中 20 多处门槛，这样，他就不用下车过门槛，可以在宫中尽兴骑车了。

据说当时锯门槛这事还引起了宫里太妃们的强烈反对，她们认为锯门槛就是破坏了宫中风水，是对老祖宗的大不敬。可溥仪偏不听，他就是想干什么就得干什么，他命令必须锯。不过当时的工匠们并没有像溥仪那样头脑发热，他们想了一个两全其美的办法：不将门槛齐头锯断，而是在门框两端各留下一小段门槛，然后錾刻成卯眼（凹进去一小块），接着再将锯下来的门槛两端做成一个凸起的榫头。

这样到了白天，就把门槛往上提，搬开放到一边；等晚上关门时再把门槛抬到原位置，让榫头和卯眼相接合。这样既保证了溥仪骑自行车方便，又保证了关门时门槛能回到原位，发挥它的作用，最重要的，这也算没有破坏风水。

正因为有了这样的“神操作”，才会有前面大家看到的门边放“巧克力棒”（门槛）的场景，不得不说，为了满足皇帝，也为了不破坏风水和大门，工匠们真是操碎了心！

卯眼

榫头

故宫门槛拆卸示意图

·陆· 故宫中轴线上为什么非要建五座门

说起故宫的中轴线，很多人想到的就是太和、中和、保和这些大殿。其实在这条线上，除了有大屋子，还有配套的大门，尤其是其中的五个门，至关重要。

这五个门，依次是天安门（明代称承天门）、端门、午门、太和门和乾清门。它们的设置除了作为出入口，起到标志作用外，还有一层隐秘的讲究。这是因为皇帝叫“九五之尊”，所以取“五”这个数字来建门吗？如果是这样，建九个岂不更气派？其实这里的“五门”是借用了周代王宫的模式——“三朝五门”。

“三朝五门”是周代王宫的建设标准，即君主的宫殿必须有五座大门。通过它们，整个王宫分成了三个功能区，简单来说，就类似于卧室门隔出了卧室，厨房门隔出了厨房，厕所门隔出了厕所。

这五座门，按照《周礼》的记载分别是皋门、库门、雉门、应门和路门，分出的三个功能区是外朝、治朝和燕朝。（东汉郑玄注《礼记·玉藻》曰：“天子、诸侯皆三朝。”又注《礼记·明堂位》

曰："天子五门，皋、库、雉、应、路。"）历代宫殿很多遵循这个模式，只不过每个朝代根据实际情况，五门的名称和设置略有不同。

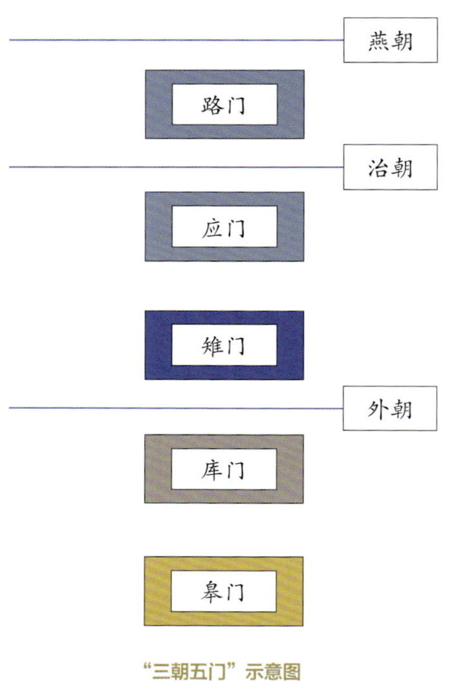

"三朝五门"示意图

五个大门，每个都不一般。皋门，"皋者，远也"。这座门就是王宫最外面的一重门，对应着如今的天安门（明代称承天门），在《明宫史》里写道："紫禁城外向南第一重曰'承天之门'。"清代的《国朝宫史》也把它称作皇城南门，在过去这里可是禁地。

库门，库，有收藏之意，它对应着端门。以前，这扇大门是个小仓库，专门用来库藏仪仗所需要的装备，比如伞盖、旗子等，一个"端"字还提醒着大臣们要时刻保持端正恭谨、庄严恭敬。

雉门，雉，就是鸟，有人也把它叫野鸡、山鸡，总之就是带翅膀、有羽毛的飞禽。这座门对应着午门。如果远远看午门，它还真像一只张开翅膀的大鸟，午门之内即是宫城范围。

应门，按照史书的解释这里是朝门，天子得坐在这儿处理天下的事务，它对应着宫里的太和门（明代称奉天门和皇极门），因为这里是皇帝举行御门听政的地方（“朝门谓之应门，王者出入而应天下之务”）。

最后一道是路门，“路者，大也”，倒不是说这道门很大，而是说这门后是皇帝和家人们睡觉休息的地方，即路寝，也可以把它叫作“卧室门”。

因此，故宫里的“五门”，即皋门——天安门（明代称承天门）；库门——端门；雉门——午门；应门——太和门；路门——乾清门。

说完“五门”，再说“三朝”。据《周礼》记载，周代天子有

午门

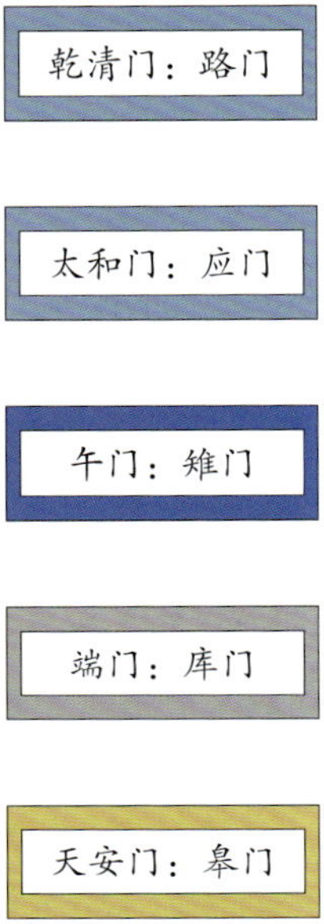

乾清门：路门

太和门：应门

午门：雉门

端门：库门

天安门：皋门

"三朝五门"与故宫五门的对应图

三座宫殿和"五门"配套使用，用于处理政务，称为"三朝"：外朝、治朝和燕朝。

外朝，位于库门之外，皋门之内，这里是天子举行最重要的典礼的地方。按照周代的规制，凡遇战争、迁都、继位这三件国家头等大事，公卿大臣得来外朝和天子一起商议、开会。

治朝，位于路门之外，应门之内，这里是天子和群臣处理政务的地方，按照《周礼》，群臣得在治朝按照官阶站好位置，这恰好与太和门（应门）里举行的大朝礼相类似。每次典礼时，大臣们都得在太和殿前的广场上依顺序站好，这个顺序以写有品级的标志品级山为准（注：清代的品级山一般为铜铸，形似一座小山，故得名），队形不能乱。

燕朝，位于路门之内，这里是天子起居生活的地方。在故宫里，乾清门（路门）以内为后廷部分，这里是皇帝和妃嫔们日常生活的场所，和燕朝相对应。

"五门三朝"是史书所载周朝的宫室制度。明朝用这种"过时"了 2000 多年的设计方案，实际上和皇权有关，他们要表明大明王朝是从周王朝那里承袭下来的，有正统性，而清朝来自关外，更是要证明自己政权的合法性，因此依然沿用了"三朝五门"制。

·柒· 午门真的是参照胳肢窝来建的吗

午门是故宫的正门，这个“午”并不是吃午饭的意思，而是因为它刚好位于南北轴线的南方，是皇宫的正南门（古代习惯将北称“子”，南称“午”）。

故宫在东、南、西、北四个方向都有大门，午门作为正门，等级最高，它的“长相”也和其他几个“弟弟”不太一样。

像东华门、西华门和神武门都是城台加城楼的模式，方方正正，而午门却多出了两个“大长条”，乍一看，就好像人的两个胳肢窝，你把两手抬平，自己就是个“午门”。这种建筑样式有点奇怪，难道皇帝当年是模仿自己的胳肢窝来建的吗？

午门和胳肢窝当然没关系，它的形制采用了皇宫大门的最高建设标准——阙门。说起这种门，苏轼在《水调歌头》词中写过：“明月几时有，把酒问青天。不知天上宫阙，今夕是何年。”后来王菲又重新唱过。其中的“宫阙”为天子宫殿，特点就是在宫门前立有双阙。

午门外观

双阙是什么呢？简单地解释，就是宫门口立两个石台，台上建小楼，因为站在上面可以远观，又称“观”或“楼观”。这种阙门形制只有在重要的宫殿、陵墓、寺庙等建筑中才能见到，是最高等级的大门，历代皇宫大多用此制。

唐朝大明宫的含元殿充当了宫门的职能，它左右的翔鸾、栖凤二阁就是左右双阙，整个平面呈“凹”字形。还有如北宋汴梁皇宫的正门宣德门，也是左右双阙，阙上还有小楼。

故宫午门的形制其实是一种文化的延续，它继承了传统，又具有自己的风格，这样的门阙形制凸显了权力的至高无上，更兼具防御、立威和装饰的作用。

在中国的阴阳理论中，凹代表阴，凸代表阳，午门整体呈“凹”字形，门前广场为“凸”字形，凹凸结合，寓意“阴阳结合”。再者，午门处于“午位”，至阳之位，本身又是凹字形，体现了“阴中藏阳、阳极生阴”的哲学内涵。

同时，午门还有一个很隐秘的讲究：如果把午门这里的“凹凸空间”乘以 36，大约就是紫禁城的面积。36，是古人心目中的天罡之数，它代表了 36 位神将，他们一起保卫着天帝所居住的紫微垣，而午门恰好也在保卫着地上天子所住的紫禁城。

午门从正面看有三个门洞，但绕到背后却是五个，这种格局叫“明三暗五”。那多出来的两个门在哪里呢？走近一看，实际上它们被设计在了拐角处的“夹缝”中。它们就好像人的腋窝一样，取名“掖门”。

之所以这么设计，主要是因为午门正面宽度和前边的天安门、端门差不多，但由于多了两个雁翅楼，从视觉上看显得拥挤，况且正面已经开了这么大的三个门洞，如果再开两个，就会给人一种局促感。如果不开，三个门洞又不够用，所以综合考虑之后，就采用了“掖门”这种形制，既美观又不影响使用。

午门的掖门

午门的这几个门洞都有自己的功能，中间门洞最大，为皇帝的专用门。除皇帝外，皇后大婚入宫时可以走一次，殿试中状元、榜眼、探花的三人在太和殿传胪（宣布考试名次）后可以从中门出宫一次，以示皇帝对读书人的褒奖，其余人等若无特殊命令，都不得从中门进出。

东、西两侧的门供宗室王公和文武大臣出入，一般情况下，文武官员走东侧门，宗室王公走西侧门。左右掖门平时关闭，只有在举行大朝会时才开启，届时百官按照文官走东掖门、武官走西掖门的顺序进宫。有趣的是，当时为了防止官员拥堵，大家手里都有单双号牌，按次序进宫。

当殿试放榜时，考生们也按照名次的单双数来走门，单数名次走左掖门，双数名次走右掖门。

看到这里，很多小伙伴肯定会有疑问：“午门不是砍头的地方吗？怎么建这么好？”其实这只是个谣传，午门身为皇宫正门，等级高，皇帝怎么会“舍得”在这里砍头呢？多晦气啊！

事实上，砍头不在午门，很多隆重的仪式却要在午门举行。比如每年入冬的第二个月（孟冬），要在午门颁布第二年的历书，称“颁朔礼”；打了胜仗，皇帝要亲临午门城楼举行受俘仪式，称“献俘礼”；在明代，每年的正月十五，午门还会张灯结彩，支起 13 层高的灯楼，俗称“鳌山灯”，届时，允许臣民观灯三天，以示皇帝与民同乐，共享太平盛世。

午门虽没有砍头这样残酷的刑罚，但在明代，这里会时不时地对大臣们使用廷杖之刑。什么是廷杖呢？通俗地讲，就是用棍子打屁股。别小看打屁股，一不留神就会打死人，比如明正德皇帝和大臣起了冲突，于是他下令廷杖大臣。当时受刑 146 人，直接打死了 11 人，其余人轻重不等地受了伤。

·捌·

金水河里真的有金子吗

“我告诉你啊，紫禁城里有条金水河，河里全是金子，皇帝的财宝全在里面呢！”这是紫禁城还未对公众开放时，民间的一个传闻。没办法，当时的皇宫属于禁地，老百姓谁也没进去过，所以茶余饭后就开始八卦，尤其是金水河，这名字里带了“金”，更是给了大家想象的空间。

其实金水河并不是因为金子而得名，试想，如果皇帝真的把金银财宝都藏到河里，太监宫女不早偷光了？而且一直泡在水里，也影响使用吧？每次用还得去捞，麻烦！

金水河的名字和周易八卦相关。首先来看它的位置，它由紫禁城的西北方流入，然后一直向南，最后七拐八拐从东南角流出。这样的流向设计可不是自然形成，而是皇帝故意为之，其中的门道就和八卦方位有关，他要做一个“局”。

在阴阳五行中，西方属金，这条河从西北方引入，流经西方的兑位，故取名“金水河”。同时，也有“金生丽水”之意，直白地说，这就是条从西方（金）流过来的水。

在周易八卦中，西北方为乾卦，属天门，这条河又可以看作从天门流进宫里的河，天河是也！而它的流出方向为东南方，东南为巽位，属地户，所以整条金水河的流向就是从天门进，从地户出，象征着天地相通，是大富大贵之相！

金水河是皇宫中的“天河”，它弯弯曲曲，有强迫症的人估计很想把它掰直，其实皇帝这么设计是另有深意，除了考虑皇宫的地形条件外，他想把一股“气”引到皇宫里。

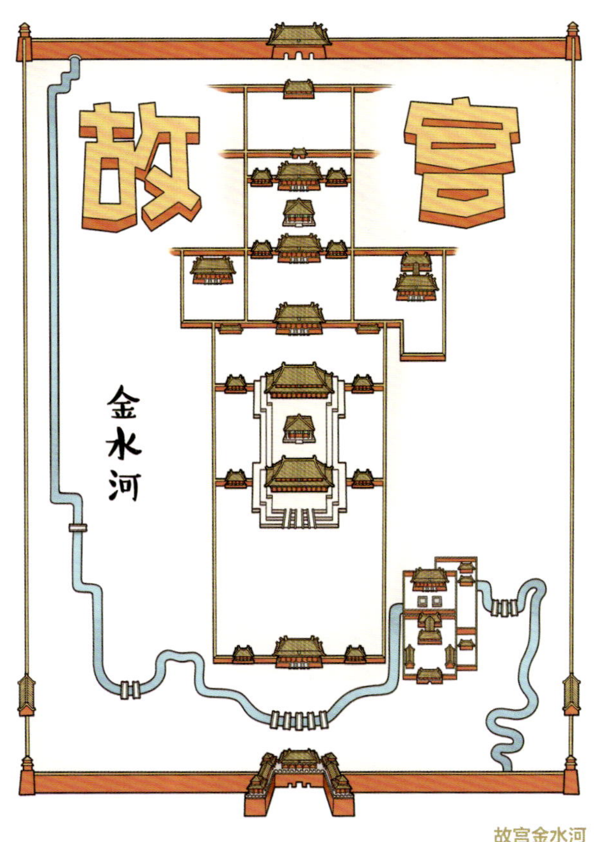

故宫金水河

按照古人传统的认识，“气”这东西看不见摸不着，但它对于万物太重要，如果一个人“气”足，就说明他有生气，活得好；如果“气”没了，人也就消失了。在古人眼中，“气”和水息息相关，有水就有“气”。所以金水河就相当于从天上引下来的一股“生气”，称“乾金之气”，整个皇宫因为有它而变得有“生气”，皇帝也住得舒服。

按照这个道理，这股乾金之气从西北方进入到紫禁城中，一泻千里，没有任何遮挡，这是皇帝希望这股“气”赶紧源源不断地进入到宫中，他要吸“气”。

可刚进入武英殿这个区域，尤其是过太和门，在文华殿这一段，金水河明显弯弯曲曲，拐来拐去，河上还搭了些桥，这是为了让“气”流得慢一些，让它多在紫禁城停留一会儿。有的人听到这里肯定会抬杠：“干脆把水弄成死水不让它流出宫，气不就一直在宫里了吗？！”

如果弄成死水，这股气也就变成了死气，要是里面再有个死鱼死虾的，味道也够人受的。所以把河道弄得弯弯曲曲，上面架点桥，它们就好像“带子”一样，捆住这股乾金之气，让它慢点流出宫，

武英殿前弯曲的金水河和桥

这在以前的风水理论中称为“流囚谢”。

金水河在太和门前被设计成了一张弓的样子。这张弓上还搭了五座桥，中间的桥最宽，皇帝走；旁边几座略窄，宗室王公和文武大臣分别从这里走。有专家认为，这五座桥就好像五支箭，代表了儒家思想中的“仁、义、礼、智、信”，它们搭在金水河这张弓上，寓意皇帝要拉弓把这五种品德“射”向全国：一来告诉老百姓“我就是五种品德集于一身的皇帝”；二来也让臣民以儒家的“五常”为做人的基本准则。

除此之外，风水上还把做成弓形的水称为“眠弓水”，金城环抱，它就像一张卧倒的弓，这种“眠弓水”属于大吉之势。同

时，它还叫“朝宗水”，就如同跪在太和门前朝拜皇帝。每当上朝时，大臣们就是通过它来到太和门广场向皇帝跪拜的。

最后，它还象征固若金汤的防御措施。皇帝坐在里面，有一种安全感。民间有句话叫“肥水不流外人田”，这种弓形设计又称为“回水湾”，宫殿建在里面，代表所有东西都是皇帝的，都不会流出去。

除了这些象征意义外，金水河的准确叫法应该是内金水河（和天安门前的外金水河相区别）。它有自己的实际用途，主要是为了宫中消防、排水所用，有时还会在里面种荷花增加美感。

每次走过这条河，我都在想，当年设计师得熬多少个通宵才能构思出这么多的“讲究”，估计完工时，他的头都得秃。

太和门前金水河和桥组成“弓箭”

·玖· 东西六宫，为什么不叫东西七宫、八宫

东西六宫有一个外号——“紫禁城八卦中心”，这里盛产各种宫廷秘闻和野史传说，它的存在撑起了电视上那些奇幻宫斗剧的超高收视率。不过抛开这些，你有没有想过，为什么皇帝非要给媳妇儿们造12座宫殿来住呢，万一不够住咋办？

东西六宫的设计其实又参考了周代的文献。相传记载了诸多周朝制度的古籍《周礼》中就写道：“宫人掌王之六寝之修。”郑玄注：“六寝者，路寝一，小寝五。”就是说，天子的卧室有六个，其中，一个是大主卧兼办公室，叫路寝；另外五个是次卧，叫小寝。

前排最正中就是大主卧路寝的位置，这是天子日常处理政务的地方，其余五个环绕它的是次卧，供天子坐卧休息。

有意思的是，根据季节的变化，天子要住不同的寝宫：春天住东北寝宫，秋天住西南寝宫，夏天住东南寝宫，冬天住西北寝宫，季夏住中央寝宫。皇帝就像一只宫中的候鸟，季节变了，他就得迁移。

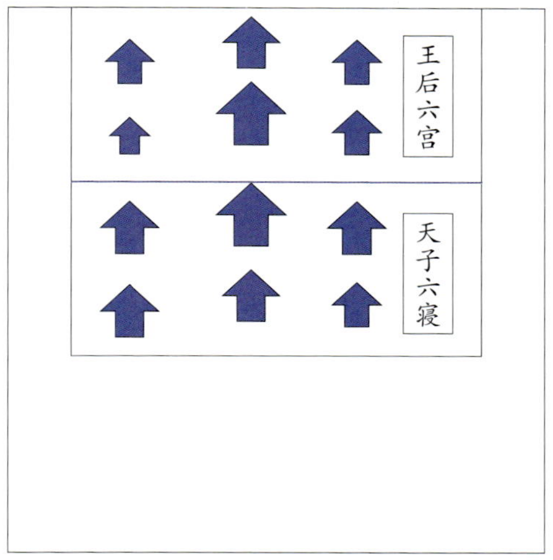

天子六寝，王后六宫示意图

天子有六寝，相应地，皇后也有六个“寝”和他相配对，只不过不用“寝”字，而用“宫”字，谓之“六宫”。

它们排列在天子的“六寝”之后，由皇后掌管，其他后妃分住其中，这样的制度叫“六寝六宫”。

很明显，紫禁城里东西六宫之“六”就是从“六寝六宫”演化而来，不过在布局上，明王朝做了一些改动，它将天子的“六寝”去除，同时把皇后的“六宫”由纵向排列，变成了六座单独的院落分东、西两排排列。

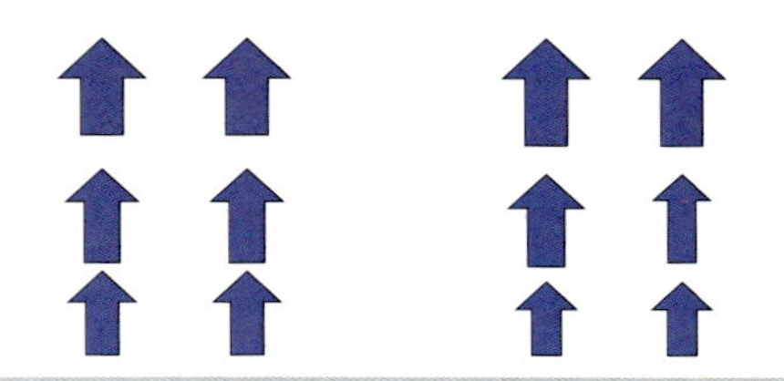

明代的皇后六宫示意图

明代把东西六宫分成纵向两排排列，除了受地理因素的影响外，还有周易八卦的思想渗入其中。纵观东西六宫的布局，它和坤卦的卦画长得几乎一样。

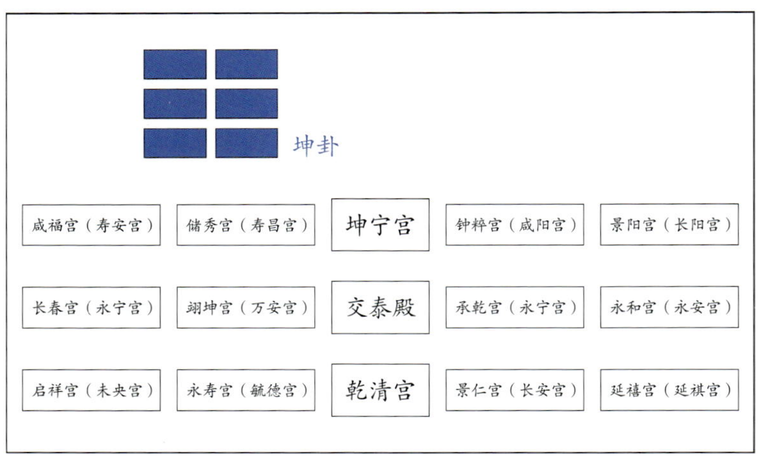

东西六宫平面图和坤卦卦画示意

坤卦由六条短横线，即三个阴爻组成，每条短横线就相当于东西六宫的一个宫。我们说“乾坤”，乾代表天、男人、阳刚，而相应地，坤代表了地、女人、阴柔。东西六宫都是女子所住，用“坤”刚好合适。

同时，坤卦的核心思想是顺从，《周易·坤卦》的彖辞就说：至哉坤元，万物资生，乃顺承天。作为坤的大地要随着天体四时的运行而变化。到春天，长着草木的大地就开始变得嫩绿，到秋天了又变黄。总之，坤阴要顺着乾阳，这样万物才能和谐共生，否则肯定就乱套了。因此，作为后宫妃嫔，第一个基本原则就是无条件顺从皇帝，如果天天吵架，后宫不宁，皇帝还怎么处理国事？于是国家也会不安定。

紫禁城的修建是模仿着天帝的皇宫——紫微垣，天帝他也有自己的天后、天妃，这些女人就住在紫微垣里的“勾陈六星”中。

勾陈六星被称作天帝的后宫，它长得像个钩子，又像把大勺。所以，东西六宫也可以认为是皇帝效法天道，模仿紫微垣中的“勾陈六星”而建。

有人认为，这 12 座宫殿还象征着十二地支，它们纵向地排列在乾清宫和坤宁宫两边，就像 12 颗星拱卫着皇帝和皇后，符合“王者必居其中”的营建思想。

写到这里，我不禁想到了王安石《石榴》里的一句：“浓绿万枝红一点，动人春色不须多”，皇帝被十二宫围绕不就是那万花丛中的一点“红”吗？不对！他应该是一点“黄”。

·拾·

宫里的地砖下真的有宝藏吗

关于故宫的地下世界，总能听见很多神奇的传闻。有人说地下设了监牢，专门关押犯错的宫人；有人说地下养了守宫神兽，一到夜里就放出来巡逻；不过更多人说这地下藏了皇帝的宝藏。

要想知道地下有没有宝藏，得首先弄清楚故宫的地下世界到底长什么样。关于这一点，你只要去网上搜索，出来最多的肯定是这样一条：

“故宫的地砖从地面铺到地下，总共 15 层，横七竖八排列，这是皇帝为了防刺客打地道专门弄的。”

故宫的 15 层地砖之说真假未知，但有一点可以肯定，地砖下绝对大有文章，也许还真可能藏着“宝藏”。前些年，在隆宗门西侧有了一个重大的考古发现，研究人员竟然在地下挖到了另一个“故宫”——元代的皇宫，不过它现在只剩下了地基遗存。

由此可以看出，紫禁城这个区域非常热门，不仅明清的皇帝喜欢，元代的皇帝也爱，元皇宫的一部分就建在这儿。据记载，朱元

故宫太和殿前广场的地砖，白色方砖为仪仗墩——“礼仪队”的站位

璋当年让徐达、常遇春等大将攻破元大都后，做了两件“毁元”的事。一件就是将大都改为北平，另一件就是命众人点火烧毁了元皇宫，估计是做贼心虚怕被骂，他还下令所有的史书都禁提此事。

元皇宫的地面建筑就这样消失在了火海中，不过地基却保存了下来。到了朱棣当皇帝迁都北京建紫禁城时，他利用元皇宫的地基盖起了自己的大房子，而清朝又在明的地基上进行建设。可以说，整个紫禁城的“地下世界”承载着三个朝代的皇宫。

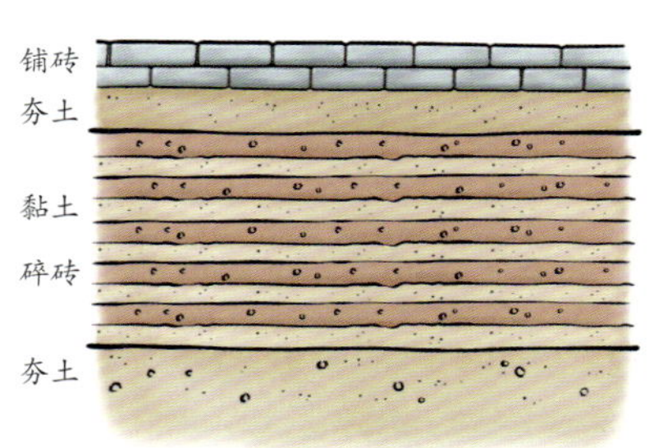

故宫的“地下世界”

最下面的夯土层属于元代，基本就是把土压一下，然后铺上砖和石头。中间是明代的夯土层，非常结实，据故宫专家介绍，当时永乐皇帝为了建故宫，专门在地上挖了快四米深的一个大坑，

然后用“一层碎砖＋一层黏土”的组合层层铺叠，总共是几十层铺上去。这里的土要挑选很纯净的土，砖也要粉碎，这样才会坚固。最上面是清代的夯土层，因为明朝的夯土已经很稳固，所以清朝就只是铺砖和把土压实。三个朝代，三层厚厚的“地基”，这也是皇帝追求江山稳固的一种体现。

除此之外，很多宫殿的柱子也有玄机，比如太和殿。大殿内的柱子底部都有一个石质小底座，它叫“柱础”，往下延伸至地下数米深。它的具体构造是这样的：一个大大的斗形石台子立在圆木之上，圆木之下是无数颗地钉，周围再夯上土。这样的建法让立在上面的柱子特别稳固，即使发生地震，柱子也是岿然不动，这就是中国古建筑所谓“墙倒屋不塌”的一个重要原因。整个建筑，柱子起到了承重的作用。

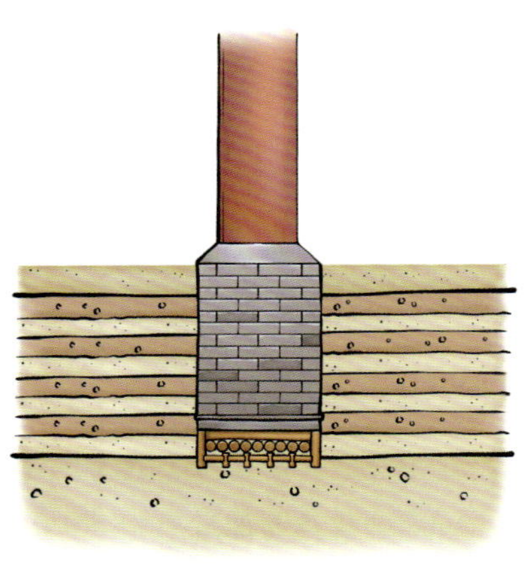

故宫柱子的“地下世界”

故宫的“地下皇宫”坚不可摧，历经600年依然稳固，1977年，专家们曾对太和殿的三层石台进行过钻探，深度是15.6米，相当于五六层楼那么高，里面共计砖三层、砌块石四层，灰土、灰土与碎砖、卵石若干，最下面还有一些柏木桩、排木、黏土等材料。（蒋博光《中和殿室内及三殿地质勘探实录》）

故宫地下就只有地基吗？当然不是，它真的有宝藏，是一个“地下宝库”。

这个宝库实际是故宫的地下文物库房，20世纪80年代就开始建，位置大致在西华门内。资料显示，这个文物库房采用三层全埋式钢筋混凝土结构，配备专业的消防和防盗系统，而且是恒温恒湿，温度设定在 15℃左右，湿度则设定在 50%，保存文物大约有 97 万件。

听老一辈的故宫人说，这个库房安保非常严，要想进去得办理很多手续，通过层层审批，而且每个库房的门禁都有专门的暗锁和密码，连只苍蝇都休想飞进去！有意思的是，库房里还设有“文物澡堂”，每件进库房的文物都要经过熏蒸消毒机“风淋”式消毒，防止虫蛀和霉变。

如今的地下文物库仍在改造和扩建，不久的将来，将会有更多的宝贝“入地”，这样既能让它们处于保存的最佳环境，保护文化遗产的真实和完整性，也能为进一步扩大故宫的开放面积打下坚实的基础。

大家下次再去故宫时，可以用手摸摸地砖，或许，你也能感受到古人和今人对于这位 600 岁老人的“用心”。

·拾壹· 为什么妃子们搞宫斗都不会选择御花园

在清宫剧里，御花园经常会成为妃子们聊八卦、密谋宫斗的场所。有的妃子还在这里上演“皇帝偶遇记”，假装在扑蝶，荡秋千，然后偶遇皇帝：“哇哦！御花园太大了，臣妾真的没发现皇上来！嘤嘤嘤……”

这些桥段似乎在告诉大家：御花园很大，在里面讲悄悄话别人听不见，皇帝来了没发现也是合情合理。实际上，御花园真的不大，南北长 80 米，东西长 140 米，占地面积 11200 平方米，相当于紫禁城面积的 1.7%。看数字可能比较抽象，直白点说，如果要逛完御花园，走路慢的人大概需要 15 分钟，走路快的人可能 10 分钟不到就能走个遍。

这样的话，如果你是妃子，你敢在御花园里搞密谋吗？巴掌大的一块地儿，你和谁聊过天，甚至聊什么都会“隔墙有耳”，同时，皇帝要来御花园，绝对不可能悄无声息，身边一大帮宫人，再加上园子也不大，你要装“偶遇”是不是有点太难了呢？！

御花园的连理柏

皇帝的御花园确实有点小，不过在如此庞大的宫殿建筑群中，尤其还在中轴线上能有这么块绿地也是不易了。

永乐皇帝初建紫禁城时，并没有建御花园，它是 30 多年后的景泰皇帝时添建的，当时的这块区域专属于紫禁城的守护大神玄武大帝，这里有他的家——钦安殿。因为这里属于北方，紫禁城又多木结构建筑，所以玄武大帝落户在这儿很符合他的人设（北方之神，水神）。

在钦安殿的左、右两边还设了七座房子，名“东西七所”，象征着天空中的北方七宿。

北方七宿共有 65 个星座，800 余颗星，它们共同组成了蛇与龟的形象，刚好就是玄武星象。所以说，在紫禁城初建时，御花园这个区域完完全全是守护神玄武大帝的家，是一个完整的玄武建筑空间序列。

在明、清两朝皇帝的共同努力之下，玄武大帝开始有了逼弯的小花园，尤其是清朝皇帝们，一个比一个爱侍弄花草，如今花园里的大多数奇石、古树都是他们从全国各地“搜集”来的。

御花园虽然不大，但饭后遛个弯，妃嫔们搞个闺密聚会或者赏赏花还是足够的。据史料记载，在五月初五的端午节、七月初七的七夕节、八月十五的中秋节和九月初九的重阳节等节日，都会在御花园里举行祭祀或游玩等活动。最会玩的还是慈禧太后，她当年在宫中养狗，据说有上百只，这些狗一到点就由专门的太监牵到御花园去遛，想想上百只狗一起在御花园狂奔狂吠是什么场景，皇家花园一下变成“百狗园”。

除了御花园，宫里还有其他几座园子可以供皇帝后妃们遛弯儿：

第一个是专供太后、太妃们游逛的慈宁宫花园，它的面积比御花园小，这个园子有三个特点：一是遍植象征长寿的松柏；二是路面比较平，老太太们走路比较安全；三是佛堂很多，方便礼佛。这座园子算是“往届宫斗冠军”的“养老院”，也算是她们的一个精神寄托之地。

第二个是乾隆皇帝修了打算退休住的宁寿宫花园，这里地域狭长，本不适合造园，可乾隆偏要弄，还要搞成“江南 style”（江南风格）。因此，工匠们费尽心力，巧妙布局，将四个院落用奇花异石、亭台楼阁点缀，堪称宫廷花园的佳作。

第三个是位于内廷西部的建福宫花园，它同样出自乾隆的提议，是由最初的乾西四所、五所改造而成。这座园子前后建了十几年，风格模仿江南的私家园林，建成后乾隆非常满意，曾将自己最喜欢的宝贝都珍藏于此，相当于一个皇家珍宝库。

可惜的是，建福宫花园在 1923 年发生了一场大火，无数珍宝葬身火海，据溥仪《我的前半生》：“内务府后来发表一部分糊涂账，

慈宁宫花园一角

说烧毁了金佛 2665 尊，字画 1157 件，古玩 435 件，古书 9 万册。”不过据学者推测，实际烧毁的更多，其中不乏超级神奇宝物，像当时《申报》就报道：“被烧最宝贵之物，一曰分水珠，大如鸡卵；一曰玉西瓜，径圆在一尺五寸内外；一曰渡江席，不知何材料所织，在水面载重不沉；一曰清太祖努尔哈赤大履，系历史上英雄遗物。”

关于这场神秘的大火，官方公布是电线起火导致，但真实情况是什么现在依然是个谜。溥仪就认为，是偷了建福宫花园珍宝的太监们为了毁灭证据放的火。

建福宫花园自那次火灾后就一直荒着，心大的溥仪在庄士敦的建议下，还曾在废墟上修过一个网球场，直到 2005 年，建福宫才重修完成，据说耗资巨大。

·拾贰·

宫里的石栏杆上真的种了大蒜和石榴吗

记得几年前带小外甥逛故宫时，七岁的他对着金水桥突然问了我一句："舅舅，这桥上是长了大蒜吗？"

金水桥上的"大蒜"

远远一看，桥上石栏杆的这个凸起还真像大蒜。和它相类似，御花园里也有这么一个，不过它长得更像石榴。不管是大蒜还是石榴，皇帝把石栏杆弄得跟蔬果园一样，难道是想回归大自然，在自己家玩"农家乐"吗？

故宫里的石栏杆起着保护和装饰的作用，它主要是防止台上或者桥上的人摔下去。如果仅仅如此，这石栏杆也没啥特别的。不过，作为皇帝，不特别就是最大的“耻辱”，怎么能和宫外那种普通栏杆一样呢？！因此在石栏杆的设计上，他花了点“小心思”。

首先简单介绍下石栏杆的各个部件。一般来说，这些石栏杆都由三个部分构成。

最下面的类似于基座的叫地栿，它上面是栏板，栏板两边像柱子一样的是望柱。

“地栿、栏板、望柱”，不管是皇宫还是民间，石栏杆基本都是这种样式。

在石栏杆的三个部分中，能大做文章的就是栏板和望柱，毕竟它们都露在外面，最显眼，而地栿有点太“接地气”，做了文章也少有人看。

故宫里石栏杆构成示意图

怎么在栏板和望柱上做文章呢？很简单，在上面雕很多图案，而且是雕老百姓不能用的，比如龙和凤（《明会典》：“官吏军民人等但有僭用玄、黄、紫三色及蟒、龙、飞鱼、斗牛器皿……俱比照僭用龙凤文律，拟断，服饰、器皿追收入官。……”），像宫里很多栏板上就雕了龙。

栏板因为面积大，工匠们发挥的空间也大。而望柱就不同了，它不是方就是圆，要做“文章”只能在头顶做，即望柱头。望柱头的雕刻兼具了装饰和等级的作用，比如最高等级的望柱头会雕刻龙的图案，典型代表就是内金水桥上最正中这座，因为它专属皇帝。

而等级低一点的就会雕成类似于大蒜的这种形状，比如金水桥上的四座宾桥。不过这个望柱头和大蒜没有关系，它是一个火焰形，模仿的是古人夜间过桥时为了照明而在桥身上支起的火把。

这个火焰还有讲究，它身上刻了 24 条线，有二十四节气之意，俗称“二十四气式”。

说到这个火焰形的望柱头，在协和门、熙和门附近的这几个稍微有点“怪异”，它们的顶上不知何故被“钻”了个圆孔，如果你身高够高，可以探着身子往里看看，里面是空心的。

中空的望柱头

据一些专家推测，这个望柱叫“石别拉”，是一种“报警口哨”。万一这个区域有敌人入侵，侍卫们可以将三寸长的“小铜角”（一种牛角状的喇叭）插入石孔内，吹响石别拉来报警。

这个说法确实有模有样，不过，我表示怀疑。试想，如果敌人都打到太和门广场了，吹响石别拉作用也不大，而且何必搞这么麻烦，直接吹号角通报不就行了吗？声音肯定也比它大。

所以关于这个望柱头为什么要做成空心，或者是不是只有这个区域才做成空心，至今仍然是个谜。

宫里的望柱头除了龙纹、龙凤纹、火焰形，还有其他几种：

御花园的澄瑞亭和浮碧亭，它们横跨在水面上，其望柱头雕刻了蕉叶。这种蕉叶柱头在我国江南地区特别常见，因“蕉叶”有“建业、霸业”之意，如果是四片蕉叶，更是象征四方霸业，所以富贵之家和官府常用这种蕉叶纹。在它们旁边的万春亭和千秋亭，望柱头被做成了石榴形。

乾隆花园里的禊赏亭，它的望柱和望柱头仿照江南的竹楼，整体雕刻成了竹子的样子。

还有很多不雕刻花纹的，就简简单单一个柱头，它们也有学名——素方柱头。

不过最有意思的还是武英殿前的断虹桥，它的望柱头采用的是“小狮子＋莲花座”的形式，非常可爱。

建筑『黑科技』篇

——故宫里巧妙的建筑设计

·壹·

600年不积水，故宫有哪些排水『黑科技』

故宫号称“水患终结者”，600年来，不论北京城下多大的雨，宫里都不会积水。有数据统计：明代276年，北京有104个年份发生过水灾，其中严重的29次；而清代268年，北京的水患更是多达128次，其中特大水灾5次，严重水灾30次。如此多的水灾，北京城里都开启了“看海模式”，可故宫却是“大水围困万千重，我自岿然不动”。

故宫之所以有600年不积水的“美名”，主要是因为宫里有几大排水黑科技：

从平面上看，故宫似乎是“平”的，走在宫里也感觉都是平地，但实际上，它并不绝对水平，有一点小坡度。经过专家的测算，故宫的北门神武门地平标高46.05米，南门午门地平标高44.28米，竖向地平高差约2米，总体是一个北高南低的布局，就好像你从午门进宫，慢慢地爬向神武门这座“小山”。

这种有点小坡的设计为自然排水创造了有利条件，使积水能缓慢排泄。我们都知道，北京城的地形北高南低，北依燕山，东临渤海，因此水是向东南流。故宫这样的坡度设计也是顺应了北京的自然地理环境，并不是工匠们的凭空创造。

故宫不仅整体上北高南低，而且地面本身也不平，比如太和殿前这条最中心的“御路”，走在上面，会发现中间拱起了一块，古人给它取了个好听的名字叫“熊背”。

“熊背”的设计有利于水往东、西两侧排，然后顺着广场上的明沟向南排，通过地上铜钱一样的小孔（“钱眼”）流入地下暗沟中，由于地形西高东低，最后这些水又往东南流，导入文华殿区域的内金水河中，排出宫外。整套排水系统严丝合缝，配合紧密，一环扣一环，真是上面大雨，下面“大戏”，一出排水大戏！

太和殿前的熊背

除了太和殿的御路有“熊背”，宫里其他宫道也有，原理类似，总的来说，就是将雨水通过各种渠道排入明沟、暗沟里，最后一股脑地汇聚到内金水河中，排出宫外。

故宫里的地下排水系统非常精密，它们纵横交错，衔接紧密，每个区域都有设置，任何死角都不放过，比如神武门内南段宫墙的北侧，就有一条自西向东的排水道，它的起点在东北角，然后向东延伸，穿过了东西六宫、乾隆花园等，最后把这些宫殿的雨水向南运送到内金水河中。像这样的排水道还有很多，它们的共同作用就是将各个宫殿区域内的雨水排向东南端的内金水河。

说到宫里的排水，最应该浓墨重彩书写的当数三大殿的台基。其实这个台基最怕水，如果雨大，水排不出去，会因存水、渗水而下沉，所以在做排水设计时，工匠们也是绞尽脑汁，费了一番功夫。

首先，三层台基每层都有 3%~5% 的坡度，这样使得上层台基

吐水螭首和半圆形泄水口

的水直接排到下层；其次，每个栏板上都有半圆形泄水口，还有一些小孔，这样有利于积水的排出；最后，工匠们还巧妙地给台基安上了皇家“水龙头”。

这些小龙头（螭首）总共1142个，据说它们的形象是龙的儿子——霸下。它们的口中有一个圆形的小孔可以吐水，每当大雨如注时，三大殿台基的水就会从口中吐出，形成“千龙吐水”的景观。据说乾隆皇帝就喜欢在大暴雨时专门来到中和殿，打开四面门窗，静静欣赏“千龙吐水”，有时诗兴大发，还会吟上两句。

宫里的排水，屋顶也是一大“帮手”。几乎所有的宫殿设计都带坡面，这样有利于雨水顺坡排下，而且这个坡还专门做成了和缓的曲面，使得雨水降落到屋顶后，能够迅速往下排，到了坡底的位置，又能够向前方排出，保护屋檐下的立柱、门窗不受雨水侵蚀。

同时，在屋脊的底端有一个三角形的“红领巾”，它叫“滴子”，就像水滴一样，通过它雨水将汇集成一条直线下落，免得水流到屋檐下侵蚀木构件。在它旁边有一块大圆饼一样的筒瓦，俗名

屋檐上的滴子

"猫头"，它扣压在滴子端部，防止雨水渗入屋檐内。另外，在宫墙上还有一种"滴子"，尤其在东二长街上最多，它们就像舌头一样伸出宫墙，其学名叫"水滴子"，它们的作用是把墙后的积水给排出去。因为墙后是乾隆花园，园子里布局紧凑，有些房屋屋顶挨着墙体，如果下雨，水会积攒在屋顶上，容易损坏建筑物，所以聪明的设计师们想出了用"水滴子"把墙打穿来导流雨水的方法。由于整个墙面是"上窄下宽"，为了不让雨水直接冲刷墙面，所以"水滴子"都会往外伸出一大截，虽然看起来有些突兀，但蕴含了建筑者们的智慧和匠心。

宫墙上的水滴子

对于紫禁城来说，城墙是安全防护最重要的屏障，万一下大雨，水积在城墙上排不出去，久而久之，雨水会渗入城墙地面引起地面下沉，甚至还可能导致墙体开裂。为了避免这样的情况，城墙上会每隔 10 米左右安置一个石质水槽，它凸出墙体，雨水可以通过它排出去。

同时，为了避免水顺着水槽底部回流到墙体侧面，聪明的工匠们在石槽下方安装了铁皮，铁皮多伸出去一点，利于雨水向前方排出。

紫禁城的排水系统精妙无比，但要保证它正常持久地运行，尤其是 600 年这么久，还得靠一个最重要的因素——人！因为日常的维护保养非常重要。

负责排水系统维护和保养的机构，在明代为二十四衙门的惜薪司，在清代为内务府营造司。他们的日常工作就是清查河道杂草、淤泥，修护河道、沟渠等。到了现在，一代又一代的故宫人也在完成着这项任务，正是他们的努力让故宫免遭水患，永远也启动不了“看海模式”。

·贰· 故宫是如何让自己尽量不『火』的

600 岁的故宫有一怕——火。据资料统计，明清时期，故宫大大小小共发生火灾 80 多次，其中重大火灾就有 24 次之多。没办法，这座宫殿大部分都是木头建筑，大火无情，尤其在木头面前，火更是无情到极点，几乎是一点就着，如果灭火不当，或者再来阵风，很有可能就变成“火烧连营”。为了抵挡无情的火妖，上到皇帝，下至宫人，每个人都想了无数办法。

故宫里第一个防火小妙招就是放置盛水的大缸，这些缸曾有 308 口，现今遗存 200 多口，它们的主要功能就是盛满水做灭火用。每次看见这些大缸，我就情不自禁地想到司马光砸缸救小伙伴的故事，幸好故事里的缸是瓷的，否则要是故宫里的缸，他一定砸不开，因为这些缸都特结实！

这些缸有三种材质：铁、铜鎏金和“烧古”青铜。无论哪一种轻易都砸不开，而且皇帝也不会让你砸，作为救火小能手，它们由专门的太监负责保养。夏天，缸里的水要保持干净，没有异味；冬天，为了防止水结冰，除了在缸口加上盖子外，还要给它们穿上“棉服”（缸外包一层棉外套），如果天气特别冷，还要在缸下摆一个特制的火炉。如今大家都能在缸下看到一圈石座，就是用来放置火炉、加炭和透气的。

太和殿前的鎏金大缸

这些水缸的名字也很特别，叫“太平缸”“吉祥缸”或者“门海”，慈禧当年还给这些缸加了创意，在里面养鱼，取“吉庆有余”之意。

很多野史秘闻里，都传说宫里的水井有“故事”，什么晚上能在井底看见披头散发的宫女之类，神乎其神。其实这些水井就是水井，除了做日常洗洒之外，还有消防的功能。据统计，宫里有 80 多眼水井，一旦有火情，里面的水可以派上用场。

内金水河也是重要的消防河，它“九曲十八弯”的设计除了有风水、地形上的考虑外，还有一点，就是为了方便取水，像明代的《酌中志》里就有记载：“非为鱼泳在藻以资游赏，亦非故为曲折以耗物料，恐意外回禄之变，此河实可赖（金水河不是为了养鱼观赏，做得曲曲折折主要还是为了发生火灾时方便大家取水灭火）。”这条河在天启年间六科廊、武英殿火灾时都派上了大用场。

紫禁城里生活过的皇帝们，数雍正对宫中的防火最上心，有一次，他听说乾清门两侧的围房里有值守人员做饭，随即下令将围房的后墙封死，不设门窗，以免做饭时发生意外引燃屋子，这种墙叫“封户檐墙”。自雍正开始，它在紫禁城里得到了大量运用。

宫中还有一种构思特别巧妙的隔火墙，比如在乾清宫附近的基化门、龙光门一带就有这种墙。从外观上看，非常像木头，但细细一瞧，它的梁、枋、斗拱等都是用石头雕成，能够有效隔绝火势，防止大火蔓延到其他宫殿。

乾清宫附近的隔火墙

其实除了这种封户檐墙，宫中高大的宫墙也起到了防火作用，它们竖立在各个院落之间，万一有火情，可以阻挡火势蔓延到其他地方。

宫里的防火最早是由禁卫军兼职管理，日常主要靠巡逻，而到了清康熙时，第一次建立了专业的消防队，它由数十名年轻力壮的太监组成，叫“防范火班”。此后，火班人数不断增加，到了光绪时，还专门给配了代役苏拉 200 名、步军营兵丁 100 名，组成了一支庞大的救火队。

仅仅有消防人员还不行，专业的灭火工具也很重要，宫中除了有铁锚、斧镢器具、长杆铁叉子、蜈蚣梯、水桶外，还有一种特神奇的“喷水枪”——唧筒。它有两种类型：一种是水铳式；另一种是杠杆式。原理就类似于大家小时候玩的水枪，使用时放到水缸里抽水，再一压，一喷，把水射向火点，以达到灭火的目的。

现在故宫里存有一架超精美的西洋唧筒，其主体是一个木质挂有锡里的水箱，箱中央立将军柱，柱顶有压力梁，两端还设有上下启动的活塞连接在压梁上。当有火情时，有人在压梁两端上下压动，带动活塞往复启动，增加压力将水柱喷射至高处，用于救火。

宫里的房子着火，很多都是因为雷击。为了防雷，皇帝们安上了“避雷针”，即屋顶正脊处两个张着大嘴的怪兽，传说它为龙子之一的鸱吻，其避雷原理说法很多，举两说如下：

一说鸱吻主体为琉璃等绝缘材质，但须舌却是导电的金属材质，这种构造被称为“引雷针”。遇雷雨天气时，鸱吻可以率先接触电流，然后通过自身爆裂等方式中和电流，避免电荷骤然积聚引发爆燃，从而起到一定的防火作用。

二说鸱吻的嘴里有一个伸向天空的金属舌头，舌根连接着细铁丝，直通到地下，因为水能导电，所以雨水可以把鸱吻身上的雷电持续引入地下，起到避雷针的作用。

现在，故宫里配备了专业的消防队，这些消防战士训练有素，一旦有火情，能在三分钟内就赶到现场灭火。同时，宫里还配备了专业、高科技的防火设备，全宫防火无死角。正是这些消防战士和高科技灭火装备，才使这座皇宫数十年来零火灾！

屋顶上的鸱吻

·叁· 故宫的墙上为什么有些带花纹的小砖

在故宫大片的红墙上，如果你仔细看，会发现有很多雕着花纹的小青砖。这些镂空的小砖一般是成对出现，上、下各一个，它们就好像墙上的“小窗户”，只不过没法推开而已。有很多小伙伴肯定会奇怪，为什么好好的一面红墙非要安些灰色的小砖，这不是破坏了墙的整体性吗？况且红和灰配在一起也不好看。

其实，这些“小窗户”对于建筑物来说，作用非常大，要没有它们，屋子很可能会塌！用一句话来形容叫“小身体蕴含大能量”，它们的名字比较特别——“透风”。

俗话说“世上没有不透风的墙”，而故宫里的墙却反其道而行之，可以“透风”，奥秘就在这些“小窗户”上。

首先简单介绍下中国古人建房子的基本步骤：古代人建房一般都是先打地基，然后在上面立上木头柱子等大木结构，接着是覆盖上屋顶，围上墙，装饰上彩绘。

有句赞美古建筑结实的话叫“墙倒屋不塌”，墙不起承重作用，它只作为隔断和遮挡，真正撑起整个屋子的是大柱子，它们就像一个个有着八块腹肌的“大力士”托举着屋顶的重量，可别小看屋顶，它们真的很重！比如太和殿，它有两层屋顶（重檐），每层都覆盖着厚重的琉璃瓦，整个大殿内由 72 个“大力士”一样的大柱子支撑，尤其是皇帝宝座前的六根沥粉贴金龙柱，都是直径一米左右的大楠木，很珍贵。

作为木头柱子，它最怕的是三样东西——火、虫蛀和潮湿。关于火，宫里的消防工作做得很足；在防虫蛀方面，主要选用不易被虫蛀的木材，然后经过特殊处理，通过浸泡、晒干、刷胶、涂漆等繁复的工序来让它不糟朽、不生虫；对于防潮，主要就是靠这些墙上的“小窗户”透风了。

透风的原理很简单：柱子被包在墙里，时间久了，老闷着就会造成柱根糟朽（因为柱子与后檐墙或山墙交接处的湿热空气容易滞留，潮气会腐蚀柱子），而解决这一问题的办法就是给柱子通风，因此，工匠们在包砌着柱子的墙面上下各开一个镂空的“小窗户”透风，这样空气就形成了对流，仿佛一个柱子的“空气循环扇”。

为了让这些小透风不那么突兀和呆板，工匠们又在上面雕刻上吉祥的图案，有狮子绣球、珍禽异兽、奇花仙草等，兼具实用性和观赏性。

透风原理示意图

这些透风不仅为柱子通风透气，有人还把它们当成了“藏宝盒”。在 2019 年对养心殿进行修缮保护时，研究人员意外地在养心殿西配殿南山前檐的一个透风里发现了戏折和纸张，打开一看，原来是一份清宫版的“春晚节目单”，即除夕夜宫里演戏的节目表（俗称“除夕承应”）。

养心殿地位尊贵，自康熙以后这里就是皇帝的卧室兼办公室，那到底是谁这么大胆敢在皇帝眼皮子底下藏东西呢?

小兔子透风

经过层层解谜，专家们猜测，可能由于养心殿曾建有戏台，皇帝常在此看戏，而演戏的演职人员因为随身携带的戏折子无处存放，同时又赶着上台，所以情急之下就塞入了透风中，本打算演出结束后取回，可能出于各种原因无法回头拿，所以就让这份“春晚节目单”静静地在透风中躺了上百年。

小小透风，折射着古人对于细节的精益求精，不仅故宫里有它，全国其他的古建筑上也有，希望大家再看见它时不会觉得突兀、难看。如果有机会，你也可以仔细看看里面，或许还会发现古人的“宝藏”呢。

·肆·

故宫里的琉璃瓦会突然掉下来吗

记得很早之前听到过这样一段讲解："大家记好了！故宫里有一个东西得绕着走，就是每个宫殿的屋檐，千万别在下面多停留，否则上面的琉璃瓦掉下来，被它们砸到，那就惨了！"

确实，故宫里大部分屋顶都覆盖着琉璃瓦，它们高高在上，看起来也挺重，万一要掉下来，后果不堪设想，绕着走也没什么不对，但有一个问题："琉璃瓦真的会掉下来吗？难道它们没固定好？"

宫里有没有琉璃瓦掉落砸人的事发生呢？至少在可查的资料里，还没有发现，这就证明古代的皇家工匠们早就考虑过这个"隐患"，他们在铺琉璃瓦时发挥了智慧。

先来看看琉璃瓦的基本构成，它主要由两种瓦组成：向上凸起的叫筒瓦，向下凹陷的叫板瓦。在铺瓦时，工匠们是顺着屋顶的坡摆放上去，上一块板瓦必须压着下一块板瓦的十分之七，十分之七这个数字真是拿捏死死的。这样铺，就会形成一道沟，沟与沟并列，

屋顶上的筒瓦和板瓦

其间的缝隙要抹上瓦泥，用半圆形的筒瓦来盖住。

筒瓦和筒瓦间严丝合缝地形成了一条长长的瓦垄，由于它们有一个向下的推力，所以最前端的筒瓦就得好好固定住，这个筒瓦叫“勾头”，又俗称“猫头”，确实和猫咪有点像。

这个“猫咪头”坐在最前端，保护整条瓦垄不下坠，同时也防止雨水侵蚀木头做的檐头，作用很大。为了防止它掉落，工匠们会在其上用铁钉固定，但铁钉裸露时间长了容易生锈，也不美观，所以又会给它戴个琉璃做成的“帽子”。

这个帽子可不简单，里面抹有灰泥，干燥后就会和钉子固定在一起，如今故宫琉璃瓦上最前端的那个小凸起，就是钉子和钉帽。

正因为有了这么多加固措施，所以宫中的琉璃瓦屋顶才能稳稳当当，不用担心它会掉下来。相信有人肯定会钻牛角尖：“有些宫殿年久失修，琉璃瓦松动了也是很危险的啊！”这种担心是不必要的，因为年久失修的宫殿你根本进不去！现在开放的区域都是经过故宫人综合评估而且一定会经常地进行保养和维护，安全系数绝对高，所以就放一百个心吧。

最前端的“猫咪头”和钉帽

太和殿屋顶第二层有一些特殊的“铜瓦”

太和殿是故宫等级最高的一座大殿，它的屋顶采用了最高级的重檐庑殿顶，在两层屋顶上，金色琉璃瓦铺得满满当当。据2006年大修太和殿的资料记载，整个屋顶有外瓦4万余片、内瓦10万余片，这些瓦片大多为琉璃瓦。这些瓦片中，还混入了一些特殊材质的瓦片，它们就在屋顶的第二层。

这些瓦由纯铜制作，每块都有六七十斤，名副其实的“铜瓦”，它们的规格和琉璃板瓦一致，所以从外观上几乎看不出区别。之所以采用铜瓦，是因为太和殿的上、下两层屋顶并不是一样大，上层小于下层，这样下雨时，雨水就会顺着上层的滴水，砸到下层屋顶的瓦上，如果采用琉璃瓦，这样久而久之，滴水穿石，雨水会把瓦穿透，而用特制的铜瓦就不会有这样的问题。真是佩服古代工匠们的用心，连这样细微之处也考虑得如此周密！

故宫里的琉璃瓦就这样静静地躺在屋顶上数百年，一有阳光照射，它们就会显出黄金般的颜色。每每这个时刻，我就想起古代欧洲对于中国的一个传说：“在遥远的东方，富有的大汗国，连屋顶都是黄金做的。”不过我觉得琉璃瓦可比黄金贵重多了，因为它的身上凝聚着古代人的“工匠精神”，精神无价嘛！

·伍· 没有暖气，宫里人是怎么取暖的

对于古代人来说，春、夏、秋、冬这四季，最难熬的就是冬季。春秋不用说，一般都很舒服，夏天虽然热，大不了光膀子不盖被，但是冬天就不一样了，那时候没有暖气，取暖大多靠“抖”，尤其漫漫冬夜，有些体质弱的人可能抖着抖着就没了。

不过有一个人却特别喜欢冬天，还专门写了首咏冬夜的诗：“人苦冬日短，我爱冬夜长。”这个爱冬夜的人就是乾隆皇帝，他爱冬夜的原因在诗的后半部分写了——皓月悬长空，朔风瓢碎霜。垂帘在氍毹，红烛明涂堂。通俗点解释，就是说“我家‘暖气费’交得多，暖气足，屋子里特暖和”。到底这个暖气是怎么来的呢？为何暖到让乾隆这么爱？下面我们就来盘点下紫禁城里的取暖神器。

取暖神器 1：皇宫里的“暖宝宝”和“汤婆婆”

人冷先冷四肢，手脚只要暖和，全身就不会觉得冷。古人也懂

这个道理，所以他们发明了专门用来暖手脚的“暖宝宝”——手炉和脚炉。清宫剧中，它们的出镜率极其高，尤其是手炉，小主们捧在手上，抱得紧紧的，一边暖手一边聊“八卦”，特惬意。

这种手炉多数为铜质，也有珐琅镶嵌，其上盖为铜质，还弄点小洞做成镂空花纹，以便传热。有人担心它太烫，其实想多了，古人在设计它时肯定会考虑：手炉的炉身分为两层，首先将木屑或砻糠放入内胆点燃，让它充分燃烧，然后再用外罩包住内胆，巧妙地利用内胆与外罩之间的空气传导热量，便可有效避免烫伤。

手炉

脚炉的原理和手炉类似，不过它们都有一个缺点，没法给被窝暖热，因此，暖床神器“汤婆婆”就登场了。这个“汤婆婆”学名叫“汤媪”，它是扁圆形，大多为铜质或锡质，使用之前往里面加沸水，和咱们现在用的热水袋一个道理。

取暖神器 2：大炭盆，感觉还能用来烤个肉

皇宫里取暖最常见的还有炭盆，学名叫“熏殿”，它分为上、下两层，下部为盆，上部一般有个大罩子，镂空，做成花卉图案。感觉这镂空的罩子很适合烤肉，取暖的同时还能吃，一举两得！

炭盆看起来没什么特点，但不是每个人都能使用，它有等级之分，像地位低下的答应、常在等人是没资格用炭盆取暖的。

有炭盆就得有炭，宫里最好的炭叫“红罗炭”，它产自涿州、通州、宛平等地，因为成炭烧好后得用涂有红土的小圆筐装好，故而得名。这种炭由上好的硬木烧制而成，很优质，除了烧得久、火力旺之外，还不冒烟，又没味道，简直是“神奇炭”，宫里也只有位分高的妃嫔们才能享用这种炭，不过数量也是有严格限制的，比如皇太后每日的红罗炭用量，夏例为二十觔（同“斤”），冬例为四十觔；皇后是夏例十觔，冬例二十觔。

取暖神器 3：其实故宫里也有地暖

光靠炭盆、手炉、脚炉取暖，效果有限。宫中还有一大型取暖神器——地暖。这种地暖学名叫“火地取暖”，基本操作就是在室内地面下用砖石先铺好循环的烟道，然后用烧火产生的烟气来烘暖地面，热气从下往上慢慢上升，产生热循环，达到暖屋的目的，原理和咱们现在用的地暖差不多。

宫里的火地取暖由烧火用的工作坑、炉膛、主烟道、排烟道构成，需要用时，太监们就下到工作坑去烧火，如今的储秀宫有块大木板，一掀开就是当年的工作坑。

想想太监们也不容易，这么冷的天在大坑里烧火，忽冷忽热的，估计冻感冒也是常有的事。不过火地取暖最厉害的是它的烟道布置，由一根主烟道和无数根左右对称的支烟道组成，就好像趴在

紫禁城供暖示意图

地下的一只“大蜈蚣”，因此又有“蜈蚣道”之称。

烧火就会有烟，火地取暖的排烟方式也很特别，一种是在台帮子处设古钱币式的花漏装饰，一来排烟，二来美观，三来可以防止老鼠、鸟类等进入。

火地取暖还有一个“搭档”——暖阁，顾名思义就是一间特别暖的小屋子。在有火道流通的地方用木板隔断，围成一个小区域，这样就可以达到局部保温的效果，像清宫剧里经常提到的乾清宫西暖阁、养心殿西暖阁都是这种构造。

储秀宫“地暖”和铜钱形排烟口

取暖神器 4：屋顶也是可以取暖的

除了上述这些人工方法外，紫禁城里还利用天然的太阳光来取暖，其妙处就在屋顶和柱子的建造比例上。古代工匠们经过长时间的观察发现，如果将屋子的出檐（屋檐伸出的部分）与柱高设计成 1:3 的比例，即柱高一丈，出檐三尺，刚好可以做到冬天时，太阳光射进屋内保暖，而夏天又被屋檐挡住遮阴。

紫禁城的大部分屋子都是按照这个比例来建屋顶和柱子的，而且“人”字形的大屋顶加上严丝合缝的砖石墙壁，本身就有了“冬暖夏凉”的特点。

这种方法并不是工匠们随便弄出来的，它有科学依据。太阳光四季照射的高度角不同，像北京地区，夏季的太阳高度角大约是 76 度，冬季大约为 27 度，工匠们就是根据这个角度来进行设计的。

除了这四大取暖神器，像暖炕、暖被、暖衣、暖茶等也是皇上小主们的驱寒必备。宫里还有专门管炭火的机构——惜薪司，清代内务府也下设薪库、炭军、煤军等。庞大的取暖队伍和取暖设备，让皇帝小主们能够温暖地度过冬日，你猜他们会不会一边烤着火，一边再喝个冰奶茶呢？

摆设篇

——那些五花八门的摆设的秘密

·壹· 太和门前为什么有个打不开的石盒子

很多人走到太和门这儿都会有个疑惑："咦，门口怎么放了两个奇怪的东西？一个长得像石盒子，另一个又好像是亭子。"

太和门前的石盒和亭子

别说一般人不知道，就连皇帝也未必知道这是什么。当年嘉庆皇帝就问起过这两个东西的作用，结果没人能回答，这也成了故宫600年的"未解之谜"。

这两个石头做的东西，明朝就有，算是故宫里的"老人"，关于它们到底是什么，众说纷纭。先来看西侧这个。它方方正正，汉白玉材质，仔细看，它有个石盖子，上面还雕了个盘龙钮，很多专家推测它很可能是一个"石匮"，"匮"就是存放贵重物品的盒子，所以也可以把它叫"石盒""石匣"。每次看它，都很想打开看看。不过这石盖子太沉，而且是文物，不碰它是对它的尊敬和保护。

这个“石匮”里到底有什么呢？很多史料里都没提及，不过据纪晓岚的“小道消息”，他说有一个负责工程的官员告诉过他，石匮曾被打开过，里边放了些已经腐朽的谷物，但具体情况他也说不清。

故宫专家阎崇年先生也同意这种说法，他认为石匣子里装有五谷、元宝之类的镇物，属于“压胜”，寓意国家五谷丰登、财富满盈。

问题来了，如果真放谷物在里面，皇帝是隔段时间换一次新的呢，还是说 600 年就这么放着不换？

关于石匮和石亭子，还有一种说法，认为它们是代表皇帝身份，验明皇帝正身的“册宝”。

“册”和“宝”实际是两样东西，在清宫剧中，要是哪个妃子当了皇后，都会有个赐金印、金册的仪式，这是身份的象征。而当皇后被废时，相应地也会有一个收回金印金册的仪式，代表已失去皇后的身份，像乾隆皇帝的废后，断发的乌拉那拉氏就享受过这样的“待遇”。

明、清两代的“册”和“宝”类似，像明代皇后的“册”由两块金片组成，上有孔，用红线相连，其上镌刻楷书册文，实际就是个两页纸的“小金书”。

太和门前的石盒子

“宝”，通俗地讲，就是“大印章”。明朝皇帝有“二十一宝”，清朝皇帝自乾隆后有“二十五宝”，它们是皇权的象征，也是皇帝发号施令的凭证。

每当遇到皇位继承、人事任命、外交、祭祀、赏赐等事时，就会用不同的“宝”来盖章，比如皇帝颁布诏书，就会盖上“皇帝之宝”；要出去视察调研，就会盖“巡狩天下之宝”。同时，这“宝”还得用盒子来装，叫“宝盝”。

册与宝是皇族身份的象征，在授予时，仪式也很讲究，比如明朝在为皇太后、皇后、嫔妃授册宝时，遵循“册东宝西”的原则，即“册”要放在东边，还得搁在小亭子里，名“宝册亭”，而“宝”要放在西边。这样，太和门前西边放一个“大宝盒”，东边放亭子，正好符合授“册宝”时“册东宝西”的礼仪习惯。

我们大胆推断，这里的“宝盒”象征着皇帝的宝玺，而亭子则是放“册”的“宝册亭”。之所以把它们陈列在太和门前，很有可能是因为明朝皇帝曾在太和门办公，名“御门听政”，放置它们，代表皇帝在此“阅宝、用册”，而这个“册”在一定意义上也是诏书的一种，明、清两朝颁诏书有一个重要环节，就是用雕琢龙头龙纹的“龙亭”来放诏书，所以这个亭子又可象征“诏书亭”。

太和门前的石亭子

因此，综合种种因素，放置石盒子和石亭，一来是皇帝彰显自己的身份正统，二来显示皇权至高无上，三来也是告诉所有人，“国家的一切命令都是从我这里发出的，你们得乖乖的”！

·贰·
太和殿前为什么放18个大香炉

在太和殿坐落的三层台基上，整整齐齐地放着18个大香炉。关于它们的用处，众说纷纭。我曾听过一个有意思的说法，说这些香炉正好代表了“十八罗汉”，放在这儿象征“罗汉加持保护皇帝”，这显然是把“十八”想当然地和“罗汉”联系在了一起，照这样，那也可以说这是十八层地狱，皇帝不可能会住在地狱里吧？！

这18个香炉，不，准确地说，应该是鼎式香炉，它们的整体造型为“鼎”。“鼎”，看字形就像一个有腿的大锅子，在古代，它本是煮饭食使用的炊具，同时也是宗庙祭祀的重要礼器。（《说文解字》：“鼎，三足两耳，和五味之宝器也。”《汉书·五行志中》：“鼎者，宗庙之宝器也。”）

后来鼎又和国家政权扯上了关系，相传大禹治水成功后，建立夏朝，他把全国划为九州，并铸造九鼎作为九州和王权的象征。在《左传》里就对九鼎的样子做了描述，说是大禹在它们身上“画”了很多图像，比如国名、山川、神灵精怪等，以此作为沟通天地、人

三大殿前的香炉

神的“神器”，祈求得到天帝的保佑。

传说自夏以后，九鼎似乎成了一个“传家宝”，商、周两代都会把它移来摆放在自己的首都，表示其政权传承有序。不过可惜的是，九鼎在汉代之前就失踪了，至今下落依然是个谜。

可以推知，太和殿前这些香炉做成鼎式，其实也是表明政权的传承和合法性，而且这些鼎式香炉的排列次序是左右各有九个，刚好符合大禹铸九鼎之数。

摆鼎式香炉和罗汉没关系，当然更不可能代表地狱！这里的“18”其实还代表了清朝的18个省。据记载，明朝疆土分为15个布政使司，清朝入关后改称行省，清初共设18个，分别是直隶、江苏、安徽、山东、山西、河南、陕西、甘肃、福建、浙江、江西、湖北、湖南、四川、广东、广西、云南、贵州，所以18个香炉和行省相对应，代表了“普天之下，莫非王土”。

估计皇帝每次看到它们都会嘀咕：“我虽然走不完这18个行省，但把它们摆在宫里，天天看，也是在我的掌控之下！”

这些鼎式大香炉除了有象征意义外，还有实际作用——焚香，尤其是举行重要典礼时，文武百官跪在广场，皇帝端坐在太和殿的龙椅上，这个时候，香炉里就会冒起阵阵烟气，搞得三大殿烟雾缭绕，如同身处天宫一般。皇帝最爱这个调调，因为这种云里雾里的迷幻感，让他觉得自己就好像天帝一般。

香炉要焚香，这个“香”用得很特别，特别是在元旦的黎明，新的一年开始，太和殿这里要举行元旦大朝会，届时皇帝和文武百官齐集太和殿，按理来说如此重要的典礼，焚的香肯定非常名贵，比如檀香、麝香、沉水香等等，有多贵上多贵，不过皇帝却反其道而行之，没用好香，而是用一种水果皮烧制的“四弃香”。

何谓“四弃香”？据记载，这种香是用苹果、梨等四种水果的皮晒干制成，果皮本来就是被削了丢弃的，所以得名“四弃香”。

皇帝之所以这么环保，废物利用，其实是为了在新年第一天向全国人民昭示自己的勤俭，也号召大家要以勤劳、节约为美德，这是立国、立家、立人之基，叫“俭以养德”。

正因为有这“四弃香”，所以元旦的太和殿肯定是满满的水果味。

18个鼎式香炉，它们淡雅素净，鼎身唯一的装饰就是火纹，这是商代青铜器的图样。看着它们，我总会有一种“穿越感”，好像一会儿到了百年前的明清，一会儿又突然回到了几千年前的商周，迷迷离离，恍恍惚惚。

鼎身装饰的火纹

·叁· 等级最高的太和殿里为什么看起来空荡荡

太和殿是故宫所有宫殿的“老大”，它坐镇中轴线的前端，很多重要的仪式都要在里面举行。它特别大，面阔 11 间，进深 5 间，面积是 2377 平方米，如果按北京这个地段的房价算，一平方米 20 万，这大殿值……不，这是文物，无价之宝，不能用粗鄙的金钱来衡量！

太和殿很大，但如果你细细往殿内看会发现，它里面空空荡荡的。我曾经就听一位游客不屑地说过：“这皇帝真穷，盖那么大房子，里面就几根柱子，一个椅子！”

确实，太和殿里放的东西不多：宝座（龙椅）、龙椅上的轩辕镜、屏风、大柱子，东、西两侧还有大柜子，最后就是一些小摆件如宝象、甪端、仙鹤和香亭。

一个 2000 多平方米的房间放这么点儿东西，确实空，难道皇帝想在里面跳广场舞？还是本来里面东西很多，后来被偷空了呢？

太和殿里东西少，倒不是因为被偷。查阅史料，明、清两朝太和殿里放的东西都差不多，只不过样式、数量、材质略有不同，比如东、西两侧的大龙柜，明朝放了八个，清朝中晚期是四个，里面据说藏着象征国家政权的鼎彝；又如明代龙椅前有铜丝帘，清代则撤去。

太和殿内景

所以，不管是明清还是现在，太和殿内的陈设都比较简单，这样做倒不是因为皇帝喜欢“简约风”，而是一种礼制上的刻意为之。它希望所有人来到太和殿，眼光能一下子集中到“某个地方”而不需要再发生转移，这“某个地方”高高在上，你得仰视它、臣服它、为它所震慑。

它，就是皇帝的宝座，更进一步，就是皇帝本人！这样的“简单”有一种魔力，不管你来太和殿多少次，也不管你从哪个角度看进殿内，皇帝宝座总是会不自觉地“抓”住你，而且你也会情不自禁地第一眼就看它。

试想，如果殿内摆着各种奇珍异宝，闪闪发光，估计你早被它们亮瞎双眼，怎还会记得有皇帝存在呢？

虽然殿内装修简单，可凡是你能看见的东西都不便宜，很“豪”，比如铺的地砖。

在故宫未开放时，很多老百姓都谣传皇帝家是用黄金打造，连地上都铺着黄金砖，这话只说对了一半，地上铺的砖确实是金砖，但并不是真正的黄金。

金砖

此金砖非彼金砖，它并不是用黄金打造，而是采用太湖澄泥经过无数道复杂工艺加工而成，一般需要烧制 130 天左右才成形。在烧制过程中，万一火候、水、泥有一点点差池，都烧不好，所以有人说这种砖从所需的人力、物力、财力上来说绝对比黄金贵，所以称“金砖”。

有人说它是专供京城，又叫“京砖”，还有人认为是敲击它时有金石之声，所以得名“金砖”。

不管怎么解释，这种砖确实很贵，现在太和殿内的是康熙年间铺墁，算算时间，300 多年了，依然是乌黑光亮，太阳光一照，“金光”闪闪。

在金砖的最正中，竖立着高高的楠木金漆基台，台子上放着本殿的“主角”——金銮宝座。这个御座感觉坐起来“不舒服”，它的椅背、扶手全是雕龙，坐下去肯定硌得慌，皇帝要坐只能是直起身子“正襟危坐”，试想一个典礼搞好几个小时，皇帝始终得直着身子坐，估计真的要累死。

宝座配合着它后面的金漆屏风，显示着皇帝的神圣威严，在他的头顶上还悬着一个“大圆球”，这叫“轩辕镜”，传说它代表轩辕星，同时它又掌管雷雨，吊在皇帝上方，一方面表示皇帝正统继承皇位，另一方面也表示有雷雨之神坐镇于此，太和殿很安全。

在宝座周围还有宝象驮宝瓶、香炉、甪端、盘龙香亭，都有祥瑞之意，同时，宝座下还陈设了四个“镇器”——鼎式香炉。前面我们说过，鼎代表了国家政权，每到大典时，鼎里就会燃起香料，制造一种神秘、威严的皇家气氛。

除此之外，殿内东、西两侧各立有两个巨型的紫檀木柜，据说里面装了夏、商、周三代的鼎彝，象征权力，有“定鼎天下”之意。

整个殿内数量最多的是柱子，总共有 72 根支撑着它。其中，围绕皇帝宝座的 6 根最显眼，它们高近 13 米，采用了沥粉贴金的工艺，外观上看就好像金柱一般。更牛的是，每根柱子上都雕有蟠龙，所有龙头都朝向宝座，形似护卫着帝王。

我曾经痴痴地在太和殿前待过一整天，看着阳光慢慢照亮这几根蟠龙金柱，随着光影变幻，真的有种“龙活了”的感觉，仿佛它们真要从柱子上腾空飞起，特别神奇!

·肆· 太和殿前为什么要放日晷和嘉量

太和殿前是一个宽阔的小平台，皇帝当初装修时不希望它空着，所以做了些“小软装”，摆放上了铜鹤铜龟、日晷和嘉量。关于龟和鹤的故事，我们后面会讲到，这里重点讲讲为什么要放日晷和嘉量。

日晷是古人的“sun watch”，它是利用日影来计时的工具，其主要由圆形的晷盘和竖立其上的晷针组成。

日晷的原理很简单：晷盘面南朝北，和地球赤道平行，垂直插入的晷针指向北极，与地轴平行，整个晷盘上均匀地用十二地支来表示 12 个时辰，画出时刻线。

需要说明的是，古代的 1 个时辰不等于 1 小时，它相当于 2 小时，而每个时辰又分为初、正，比如晚上 11 点到凌晨 1 点是子时，其中 11 点是子初，12 点为子正。

这里要特别注意，日晷是两面都有读数。不同的季节，看的面不一样：从春分到秋分，太阳投影在正面，而从秋分到次年春分，太阳投影又跑到背面。读数时，当看正面日影时，要顺时针读，而看背面日影时，则要逆时针读。

太和殿前的日晷

日晷计时有自己的科学性，虽然不能和现在的钟表相比，但误差也不大，那么皇帝把它摆在太和殿前真的是为了看时间吗？当然不是！首先这个日晷特别高，仅晷台就有 2.7 米，而明清皇帝的身高虽然没有明确记载，但应该都不会超过 2 米，如果真是为了看时间，皇帝踮着脚仰着头都不行。

那他可以搬个椅子垫着看吗？这也不可能，作为计时器的日晷，看似作用很大，但实际使用很受限，它测时间必须有一个前提——太阳，所以在阴天和晚上，日晷只能当摆设，没有作用，而就算是在白天，在一些有树的地方，比如养心殿，浓密的树叶会在某一段时间挡住阳光，也会导致日晷的投影无法显现。

因此，这个日晷和计时关系不大，放在这里只是一种象征意义。它代表皇帝掌握着天下的时间、天道运行的规律，晷盘圆形还象征着“天圆”，同时整个日晷用四根石柱支撑，这也有特殊寓意，它们象征四极，源于女娲补天时，砍断大乌龟的四只脚来支撑天的四个角（四极），稳固住天的典故。

在日晷的西边放着嘉量，它被安放在一个汉白玉的石亭屋内。

嘉量是我国古代的标准量器，它看似是一个东西，实际上是由五种量器组成，分别是斛、斗、升、合、龠。中央的圆形是嘉量的主体，上部为“斛”，下部较浅者为“斗”，右耳为“升”，左耳上部为“合”，下部为“龠”，它们之间的换算比例是：1 斛 =10 斗，1 斗 =10 升，1 升 =10 合，1 合 =2 龠。

“量”是测定物体多少的器物，在前面添了个“嘉”，代表美好、最好。“嘉量”即说这是最好、最标准的量器。中国自古就是农业大国，百姓对于粮食的多少非常看重，一斗一升都是血汗，所以制作统一、标准的量器尤其重要，一来是利于百姓，二来也利于国家的经济稳定，三来也是帝王权力的象征。

正因为嘉量有如此重要的作用，自周代开始，历代帝王都对它很重视，尤其是王莽夺了汉的天下建立新莽政权后，更是仿效周代制作了新的嘉量，寓意自己统治天下。太和殿前的嘉量就是仿照王莽嘉量，由“模仿狂人”乾隆下令制作的。

太和殿前的嘉量

当年乾隆无意间得到了一件新莽嘉量，于是极爱仿古的他，突发灵感，让人模仿这件嘉量，同时考校了唐太宗时的方形嘉量图样，于乾隆九年（1744）铸造了圆形和方形嘉量各一件，分别放在

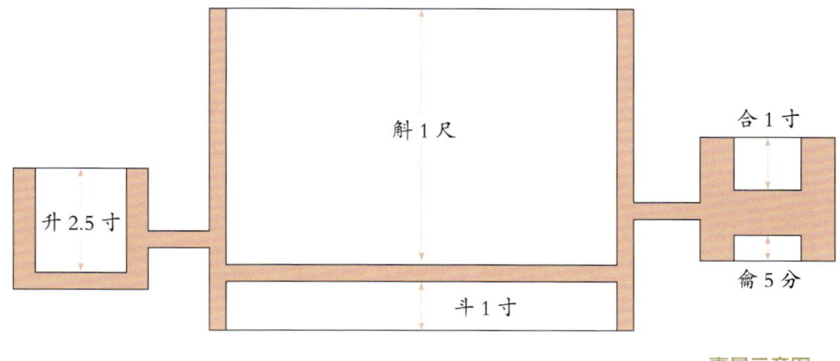

嘉量示意图

太和殿和乾清宫前，而那件王莽嘉量则被他视为天授神物收藏。

作为“题字狂人”的乾隆还在嘉量上写了很多字，大意就是说“嘉量的制造符合天意，这是老天让我这么做的，我们大清王朝是天命所归，以后子孙万世享用，福泽绵延”。

在嘉量上，乾隆还命人刻上了一个神秘符号——“卍”字。

“卍”字符最早被古人视作太阳、火的象征，武则天时把其定为“万”字，代表了吉祥万德之意，它和嘉量组合在一起更是有盛世吉祥的寓意。

太和殿前日晷和嘉量的组合，一东一西，一个象征时间，一个象征空间，代表了皇帝是时空的掌握者，拥有无上的权力。同时，日晷圆形，象征“天”，为阳；嘉量方形，象征“地”，为阴；二者是“天地阴阳二气”的化身，它们共同汇聚于太和殿的龙椅宝座之下，表明皇帝是宇宙的主宰者，支配着天地万物。

想来乾隆皇帝的脑子里也是“干货满满”，他摆日晷嘉量告诉我们一个道理：“多读书，这样搞装修都比别人高级！”

·伍· 乾清宫里为什么要摆镜子

乾清宫在明代和清初是皇帝的寝宫，“乾”在《周易》里代表了天、阳、帝王，“乾清”二字出自老子《道德经》中的“天得一以清”，意思是说皇帝遵循天道治国，天下就会太平。作为如此高级的宫殿，它的内部装潢非常奢华，摆的东西很多。

在档案中记载，乾清宫里有九龙宝座、紫檀木嵌玉如意、金漆五屏风、紫檀大木桌、铜掐丝珐琅鱼缸、仙鹤、香筒等等，这些东西听名字就很贵。除此之外，皇帝还特喜欢淘宝，什么痒痒挠、天球仪、地球仪、玻璃花等小东西“买”了一大堆，最奇葩的是，他还特意放了个红雕漆的痰盆在龙座上，真是个讲卫生、不随地吐痰的“好皇帝”。

不过在众多的摆设中，有几面大镜子特别惹眼，它们高约五米，分立在龙座两边，很多人都觉得是给皇帝照镜子所用，毕竟乾清宫在明朝是皇帝的卧室兼办公室，清朝也有顺治和康熙在这里住过，早晨起床，照个镜子，拥抱太阳，满满的正能量，很正常啊！

乾清宫内景

如果只为穿衣照镜，摆一面镜子就够了，为什么还要东、西两侧各设两面，而且还做那么高呢？

乾清宫作为皇帝正宫，它里面摆的东西不仅要讲究实用性，更重要的是，还得有“象征意义”，这其中就包括礼制和风水。

咱们中国人对于镜子有一种“迷之痴狂”，在《镜子的历史》中有句话：“我们在这个平面上所看到的一切可以告诉我们许多关于自己的东西。”镜子是我们看清自己的媒介，我们不仅能看到高矮胖瘦，还能看清自己的内心，有时照着镜子，仿佛是在和自己对话：“哎呀！我怎么又胖了，我怎么这么美，怎么我的‘A4 腰’不见了……”

古人还把镜子看作反观历史的“录像机”，当年爱跟唐太宗抬杠的魏征死后，唐太宗就忧伤地感叹道：“一个人用铜当镜子，可以看看衣帽是不是穿戴得端正；用历史当镜子，可以知道国家兴亡的原因；用人当镜子，可以发现自己的对错。唉，魏征一死，我就少了一面‘人镜’啊！”（夫以铜为镜，可以正衣冠；以史为镜，可以知兴替；以人为镜，可以明得失。魏征没，朕亡一镜矣！）

乾清宫里摆这几面大镜子就是借用了唐太宗的这句“格言”，皇帝想天天放“录像”，看看历史上的兴衰更迭，也看看自己过往的得失，时时提醒自己得反思，做一个好皇帝。

四面大镜子，准确地说是“水晶大镜”，它们的摆放位置很讲究，宝座边的两面恰好与左、右两扇大门遥遥相对，而东、西两边的大镜子像两个卫士相对而站。这样的摆放符合风水上的讲究，古称“风水镜”，而且除了正殿这四面大镜子，乾清宫的东西暖阁里也有镜子。

难道皇帝怕妖怪，要用它们来当“照妖镜”？

古人对于镜子，确实有照妖一说，李时珍就在《本草纲目》里说过，镜子里有神明，它能驱邪避凶。李神医还提倡大家把它挂在大门上，这样能防鬼魅入侵（镜乃金水之精，内明外暗。古镜如古剑，若有神明。故能辟邪魅忤恶。凡人家宜悬大镜，可辟邪魅）。

正因为有了这样的说法，不管是古代还是现在，家门口挂个镜子都很常见，也许你小时候还打碎过邻居家门上的镜子呢。

乾清宫内的水晶大镜

道教里还把镜子称“法镜”，它有三个功能：一是能让鬼怪现形；二是能够用它照身体的各个脏器，检查病症并医治；三是能预知未来。所以如此多功能集于一身的镜子自然成了皇帝的“护身符”，摆在家里，作为“镇器”，心里的安全感也就多一些。

·陆· 乾清宫前为什么要立两个金殿

乾清宫门口有两个金光闪闪的小宫殿，它们和天坛的祈年殿有点像，只不过祈年殿是三层圆殿，而这两座金殿却是上面圆，下面方，寓意“天圆地方”。和高大的乾清宫比起来，它们就像积木搭的两个模型。

这两座金殿是整个宫中最小的宫殿，麻雀虽小，五脏俱全，它们的细节处理一点不输大宫殿。斗拱、屋檐、门窗全都是精雕细琢，尤其是它们的槅扇，除了运用最高等级的三交六椀菱花形状外，在裙板上还镂刻上了升龙，额枋上还浅刻了双龙枋心旋子彩画。同时，它们底下的这三层石台也是做得异常精美，里边还藏了“小机关”。

这三层石台，由下至上，逐层收缩，就像上楼梯一样，给人一种稳定、踏实的感觉，它通体雕刻着海水江牙，尤其是每层江牙纹内还设置了一个排水的小孔，这样的设计让台子的下凹部分不会积水，而且每个小孔的位置比较“隐蔽”，都在江牙纹的洞穴内。如果不仔细看，根本发现不了，既实用又美观，工匠们的设计简直太巧妙。

不仅排水设计得独到，就连石台的高度都是经过仔细斟酌的。第一层最高，有194厘米，侧面开门，可以容人进出。

整座金殿上两层的高度较矮，115厘米，刚好可以让人站在第一层石台上打开金殿的小门往里点香火。同时，整个石台与乾清宫的丹墀等高，人们站在丹墀上正好可以看见金殿的全貌，这样会给人一种延伸感，仿佛金殿与丹墀上的铜龟铜鹤、日晷嘉量都是一体，增添了整个乾清宫的高大华丽。

皇帝之所以花那么多心思建这两个金殿，就在于它们的名字寓意太深，必须时时供奉。东边的叫“江山殿”，西边的叫“社稷殿”，合在一起叫“江山社稷金殿”，清朝顺治皇帝时设立。

“江山社稷”是国家的代称，社就是土地，稷为五谷，两者都是百姓最离不开的东西，前面我们说过，故宫午门口的社稷坛（今中山公园）是专门用来祭祀土地和五谷之神的地方，而皇帝将“微缩版”的社稷坛用金殿的形式表现出来，并且搬到了自己的正宫乾清宫门口，这是提醒自己作为一国之君，要时刻不忘社稷江山。

对于皇帝来说，如何才能“不忘江山社稷”呢？在汉代的儒家经典《白虎通·社稷》里有这样一段论述：“王者所以有社稷何？为天下求福报功。”简单地解释，就是全心全意为老百姓谋福利。

我想，这两个金殿专门用石台子垒砌得和乾清宫的月台一样高，可能也是要让皇帝天天都能看到它们，时刻不忘自己作为人君的第一职责。

江山社稷金殿时刻提醒着皇帝要为百姓着想，可在紫禁城生活过的帝王又有几个能真正做到这点呢？不过这里特别想夸夸康熙，他治理天下，关心社稷，从一粒米、一刻钟、一场雨做起，可谓是恪尽皇帝本分。

康熙重视农桑，他即位后要求各地的督抚大员在上奏折报告工

乾清宫的小宫殿，箭头处为排水孔

作时，必须加上当地的天气情况，比如康熙四十六年（1707），苏州官员李煦在上奏折汇报工作时就在末尾加了一段当时的天气情况："扬州地方十二月初五、初六下雪，约有五寸余。百姓既得冬雪，春花有望，群情喜悦，相应一并具奏……"（因公务往来苏州、扬州两地，所以他记下了扬州的天气）

至迟在康熙二十四年（1685），清廷就要求各地必须观测天气情况，做成《晴雨录》，并将观测结果按月报送朝廷，如果漏报或者迟报，康熙还要亲自过问和降罪。

这或许就是我们最早的"天气预报"，农业为立国之本，它对天气的依赖程度非常大，康熙这么做也反映出他对于农业的重视。

除了做"天气预报"，康熙还亲自培育和推广了一种"御稻米"，这种米的耐寒性很强，能在北方种植，尤其在南方还能实现"一年两熟"，这一下大大提高了粮食产量，特别是在江南一带的推广种植，使当地的水稻亩产量达到了940斤，比以前（约450斤）足足翻了一番还多，当时的康熙知道这一消息后，激动得眼泪都出来了，他说道："我愿和天下百姓共用这种好米（朕每饭时，尝愿与天下群黎共此嘉谷也）。"

每天，江山社稷金殿都会被太监们点上香火，供奉香烛；每月的初一、十五日出之前，御前侍卫和乾清门的侍卫们还要在领侍卫内大臣的带领下来到金殿前一起祭拜。我想如此多的仪式，只为一点，就是让皇帝能经常注意到它们的存在，时刻谨记自己当初继位的目标："国泰民安，丰衣足食。"

·柒· 交泰殿的25个黄盒子里藏了什么

在乾清宫和坤宁宫中间，有一个亭子模样的小宫殿，它叫“交泰殿”。“交泰”二字取自《周易》：“天地交而万物通也……天地交，泰。”大意就是说，只有天地相通，阴阳二气相交，万物才会和谐。

夹在乾清宫和坤宁宫中间的交泰殿

这个名字很符合它的“角色设定”：乾清宫是皇帝正宫，代表男人、阳；坤宁宫是皇后正宫，代表女人、阴；交泰殿刚好在它们之间，象征着男女结婚，交合生孩子，这样才会有绵延不绝的人类，同时它还隐含着帝后必须和睦相处，宫闱太平，天下才会安宁的意思。

交泰殿在明、清两代是皇后在节日接受妃嫔、福晋、命妇们朝贺以及皇子们行礼的最高级别场所，据记载，这里还是明朝皇帝皇后过“夫妻生活”的地方。顺治时，鉴于明朝太监专权的教训，他特意在交泰殿立了一块铁牌，上书严禁太监干政的戒令。

现如今的交泰殿里有三个东西特别惹眼。一个是大殿左边放的“古代水表”——铜壶滴漏，一个是大殿右边放的大自鸣钟，据说给这个钟上弦一次，它可以连续走一个月，钟声可达乾清门外。

最后一个就是大殿内放了一圈的黄盒子。数一数，总共 25 个。很多人看到它们都特想知道里面藏的东西，记得曾有一个小朋友就眨巴着大眼睛，痴痴地问我：“叔叔，这些盒子是放了龙珠吗？集齐 25 个可以召唤神龙。”

里面没放龙珠，但放了比龙珠更重要的东西，集齐它们，整个国家就是你的！这些“东西”实际上是皇帝的印章，即宝玺。

皇帝发布的诏书或者敕谕，都得盖上印章才能生效，这些大印象征着国家政权。清初，皇宫里玉玺的管理非常混乱，据说有 39 方。后来有“处女座情结”的乾隆实在是看不下去，就亲自核定玉玺的数量、材质和用途，最后定为 25 方并存放在交泰殿内，如今这些黄盒子就是放印玺的“宝匣”。

为什么会核定为 25 方呢？这个数字在乾隆心中有两层含义：

第一，根据《周易》中“天数二十有五”的说法，25 是天数。古人以奇数为阳，偶数为阴，将自然奇数 1、3、5、7、9 相加，得

交泰殿内的 25 个黄盒子

数就是 25，阳中之阳，象征天命所归，所以皇帝们都把 25 作为幸运数字。

第二，如果只是简单用幸运数字 25 来定宝玺数，那乾隆自己都会觉得不够高级，实际上，这个数字还蕴含着更深的含义。在嘉庆元年（1796），也就是乾隆 86 岁高龄时，他写了一篇文章叫《匣

故宫珍藏的“皇帝之宝”

衍记》，里面清楚地说明了自己定宝玺数为 25 的真正用意，他说自己是想学东周，“密用姬周故事”。

乾隆的历史课一定是满分，他对历朝历代的享国时间背得特熟，经过他的“计算”，原来在清之前，所有朝代里享国时间最长的是东周，当年周平王迁都洛阳，开东周王业得传 25 代，为历史之最，而清王朝是从东北迁都到北京，和周平王迁都异曲同工，所以乾隆心想：“我这大清江山如果能传 25 代也是相当可以了！”

可以看出，乾隆不仅历史满分，哲学也学得不错，他有着正确、科学的历史唯物主义思维，他深知历史的发展是前进的，没有哪个王朝能永远存续，所以大清能像东周那样有 25 代足矣。

一定要活 25 代！一定要活 25 代！抱着这样的“理想”，乾隆不仅在交泰殿设了 25 枚宝玺，而且连存放皇帝朝珠的宝匣、存放帽冠的大柜以及放“家谱”玉牒的柜子也全都做成 25 层！

理想很丰满，现实很骨感，大清从顺治到最后一代溥仪，总共传了 10 代，别说 25 代，连 15 代都不够就灭亡了。

每次看着这 25 个黄盒子，我其实心里还挺佩服乾隆，他能够正视王朝的更迭、历史的交替，作为皇帝，他有如此理性、清晰的头脑，真是难得，而且也需要勇气，至于他平时写的那些“亿万斯年永垂不朽”“万岁万岁”的赞词，也只不过是些场面话而已。

·捌·

坤宁宫门口为什么要摆一个大石墩子

坤宁宫的门口有一个大石墩子，很多人都误以为它是个“石凳”，确实，这里是中轴线的“尾声”，走到这也累了，刚好可以坐下来歇歇。

真的好感谢故宫的“贴心”服务，能精准计算大家走累的时间点，立马给弄个小石凳子，竖个大拇指，赞！不过，细细看这个石凳，怎么看都没个“凳样儿”，尤其在最正中，竟然还有个方形的小凸起，这屁股要长久坐着，不得硌坏了！这个石墩明显不是石凳，更不可能专门放在这儿供游客休息，它究竟是何物呢？

故宫珍藏的“皇帝之宝”

要了解石墩的作用，就得从它本来的样子说起，从复原图中明显可以看出，这个石墩只是个基座，它上面立了一根杆子，杆子上还有个碗大的“盘子”。

这根杆是满族人顶礼膜拜的“神杆”，又叫“索伦杆”，满语称“索摩杆子”，这样说容易让人听得云里雾里，通俗地讲，它就是个“自动喂食器”。

作为“喂食器”的索伦杆，主要是为满族人心中的神——乌鸦服务。说起乌鸦，很多人都觉得不吉利，尤其是听见它的叫声，总有“鹊鸣示喜，鸦鸣示灾”的恐惧感。不过在满族人心中，乌鸦可是神鸟，任何人不得轻易伤害，特别是在皇宫中，皇帝必须竖索伦杆供养乌鸦。

坤宁宫前石墩子复原图

前面我们讲过，坤宁宫是皇家祭祀的场所，每天这里都要宰猪献祭，除了猪肉让大臣们分食外，一部分猪下水、内脏等就会被切碎拌以碎米，放在索伦杆上的锡斗内让乌鸦来吃。

满族人之所以会将乌鸦视作他们的“爱豆”，是因为这种小鸟曾经的一次“见义勇为”。关于乌鸦的“见义勇为”，满族人口中有多个版本：

版本一：救了“脚踏七星”的努尔哈赤。

据说大清的创始人努尔哈赤年少时是明朝总兵李成梁的家童，当时，皇帝因为听信会有“脚踏北斗七星之人推翻大明”的预言，所以下令全国抓捕有此特征的人。一次偶然的机会，李成梁看到了努尔哈赤脚底板有七颗痣，他惊叹道：“这不就是‘脚踏七星’吗！”

正当他准备交出努尔哈赤向朝廷领赏时，努尔哈赤幸运地提前知道了消息并且骑马而逃，说来也神了，正当他快要被追上时，天上奇迹般地来了群乌鸦将他团团围住，追兵们赶到时，以为是乌鸦围着个木桩，所以就转向了别处抓捕，努尔哈赤躲过一劫。之后，为了报答乌鸦的救命之恩，努尔哈赤下令视其为神鸟，并世代供养。

版本二：还是救了努尔哈赤。

乌鸦救人的第二个版本仍然是救了努尔哈赤，只是故事变了变。据说努尔哈赤曾经是辽东总兵李成梁的侍从，后来他的祖父觉昌安和父亲塔克世被明军误杀，当时的努尔哈赤知道消息后，肺都要气炸了，他发誓一定要报仇并且连夜从军营逃走，不再为杀父仇人卖命。李成梁知道后，派兵追杀努尔哈赤，结果就在快要追上时，一大群乌鸦落在了努尔哈赤的身上，明军一看以为是乌鸦在吃死尸，转头追向了另一方，努尔哈赤捡回一条命，等他当上皇帝后，为了报乌鸦当年的救命之恩，于是下令世代供奉这种神鸟。

版本三：救了比努尔哈赤更“老”的人。

关于乌鸦救人，还有第三个版本，传说爱新觉罗氏最早的祖先是爱新觉罗·布库里雍顺。布库里雍顺传了几代之后，遇上了部属叛乱，他们扬言要将爱新觉罗氏赶尽杀绝。不过幸运的是，其中一个叫樊察的小男孩逃了出来，他拼命跑，可无奈人小腿短跑得慢，眼看就要被敌人追上，正在这时，神助来了，一只乌鸦飞到他头上停下，追兵看到乌鸦后，认为人的身上不可能会栖息乌鸦，以为是一个木桩，樊察因此得救。所以后来爱新觉罗氏的后代都得供养乌鸦，以报救命之恩。

三个版本虽然情节有差异，但有一点相同，乌鸦救了满族人心目中最重要的人，所以它才会被奉为神鸟。

其实不仅是救人，在满族人的各种神话传说中，乌鸦都很“神”，比如在《打画墨儿》中就有乌鸦受猎神委托去森林救山火的故事，它也因此被视作猎神的化身，有“看林子的格格”“林海女神”等称号，猎人祭山林时要先给乌鸦扬酒撒肉。

在满族创世神话《天宫大战》中，女神阿布卡赫赫指派沙乌沙（猫头鹰）、嘎喽（雁）、噶哈（乌鸦）分别负责在夜里、清晨和傍晚号叫，以使天穹有生气。

还有传说“三仙女”恩库伦、正库伦和佛库伦在洗澡时，佛库伦不小心吃下了神鹊叼来的鲜果意外怀孕，结果后来生下了满族人的始祖布库里雍顺。有学者考证，这三位仙女的名字里都带有“库伦”二字，这是源于满语里的“慈乌”，即大乌鸦。很多人说宫里乌鸦多，阴气重，可在清朝皇帝眼中，这正是吉祥的象征。

玖 坤宁宫里为什么要放煮猪肉的大锅

坤宁宫是中轴线上最让人“一头雾水”的宫殿，很多人看完它的内部陈设后都是一脸茫然：“电视剧里不是说皇后住在这里吗，怎么里面那么多神像，而且还有三口大锅，难道皇后喜欢晚上加餐？”坤宁宫里放三口大锅其实和皇后吃东西没关系，它的用途得从明、

坤宁宫内景和大锅示意图

坤宁宫的东北特色窗

清两代坤宁宫的变化开始说起。

坤宁宫作为皇后正宫，地位显赫，在明代，大多数皇后住在这里。清朝入关后，根据满族人的传统，这座宫殿被“重新装修”：首先是将窗户改成了直棂吊搭式窗，窗户纸糊在窗外，这和东北“三大怪”之一“窗户纸糊在外”如出一辙。

其次是把正门往东移，将西暖阁的面积扩大，变成了祭祀萨满的宗教场所，并在南、北、西三面围炕，形成所谓的“万字炕”。最后是把东暖阁变成了帝后大婚的洞房，皇帝大婚时，得和皇后在此居住三天左右，之后皇后就会被分配到东西六宫中的某一宫居住。

看完了坤宁宫的用途，你会发现，这座宫殿在清代真不是给皇后住的（目前可以确定的只有康熙帝的孝诚仁皇后与孝昭仁皇后曾在坤宁宫居住过），它的主要作用是搞萨满祭祀，早晚祭、天天祭、月月祭，一年还有好几次大祭。

满族人信奉萨满教。萨满，满语里为“巫师”之意，它祭祀的神特别多，有释迦牟尼、观世音菩萨、关公、蒙古神，还有满族人自己的画像神，等等，现如今坤宁宫西暖阁里神像多就是这个原因。

整个萨满的祭祀过程复杂而神秘，其中，有两个环节特别重要：一个是主持人“萨满太太”要各种手舞足蹈，口念祝词，营造一种“和神在聊天”的感觉；另一个就是杀猪作为献祭，猪肉还得用大锅煮了吃。

这三个大锅中有两口稍微深些，就是煮猪肉用的，另一个浅些的是蒸糕所用。这种煮猪肉献祭的方式源于满族人的一种传统，在早些时候，贵族家庭遇到喜庆、祭祀的事儿都会搞一个“食肉大会”，不管你和主人家认不认识，只要你路过看见了，都可以进来吃肉，这肉大多就用的是猪肉，而且吃得越多，主人家越高兴，吃完后也不用道谢，直接走人，最重要的，千万不能抹嘴，抹了是对神的不敬！

坤宁宫的祭祀很频繁，几乎每天都会“猪肉飘香”，比如早晚的朝祭、夕祭，每月祭天，每年春秋二季大祭，四季献神等。根据记载，祭祀平日用猪 4 只，大祭时用 39 只，这里简直就是猪猪们的“地狱”！

这些猪肉又叫“祚肉”，平时煮完献祭后，皇帝就会分给值班大臣、侍卫或者王公大臣们吃，美其名曰“分福”。千万别觉得吃肉是件美事，这些祭肉被煮得半生不熟，很多都是大肥肉，而且也不切好，大块大块就端上来，还没有调料。

很多大臣表面上对吃肉感恩戴德，但内心实则在流泪：“这么腻，怎么吃啊！不吃又是对神和皇帝不敬。”办法都是人想出来的，很多大臣会偷偷贿赂太监，让其在端过来的肉旁放一小包椒盐，还有的会用特制的一种纸先吸满酱汁晾干，然后吃肉时偷偷用它来揩刀，沾上点味。

到了后来，这种做法被皇帝知道了，一气之下，他命令御前侍卫持枪到现场监督大臣们吃肉，吃不完别想走！

有句话叫“若想人前显贵，必得人后受罪”，这些平日里富贵的王公大臣在坤宁宫中简直连小猫、小狗都不如，他们吃肉时内心一定在滴血，而且我猜，他们应该全都会有“脂肪肝”吧。

·拾·坤宁宫的『开门见喜』在哪里

一直传说坤宁宫的东暖阁有个“开门见喜”，据说进去的人只要看见它，单身的能脱单，恋爱的能爱得死去活来，结了婚的还能婚姻长久，感觉它完全就是故宫的“爱神化身”啊。

如果这个“开门见喜”真那么灵，估计坤宁宫的门槛早被踏破了，至少单身的青年男女肯定会冲在最前面，用最大力气去找它。

关于“开门见喜”，坤宁宫里确实有，只不过它没那么大“法力”，在古代，它只为两个人服务——皇帝和皇后。

坤宁宫在清代被改装成了两个部分：西暖阁是祭神的场所，东暖阁则是帝后大婚的洞房。俗话说人生有四大喜：久旱逢甘霖，他乡遇故知，洞房花烛夜，金榜题名时。作为皇帝洞房花烛夜的婚房，东暖阁处处都有“喜”。

首先是东西暖阁的连通门，它上面就挂了绣满小“喜”字的布帘，寓意着通过这道门，就会到达“喜房”。而当你打开门，哇！一个大大的“喜”字就在你的眼前，这就是所谓的“开门见喜”。这个

“喜”是一个沥粉贴金的“双喜”，它的正确叫法是“大红双喜字曲尺影壁”，而且还不止一个，在它的边上也有一个大“双喜”。“囍”影壁的四个角也是别出心裁，装饰了龙凤相抱的双喜图案，代表了帝后龙凤呈祥，将要在这里举行合卺礼。

坤宁宫的“开门见喜”

坤宁宫里的“喜”特别多，作为大婚洞房的东暖阁，“开门见喜”只是前奏，进到屋内，简直是“喜气满堂”：地上铺着龙凤双喜花纹的大地毯，顶上吊着双喜字大宫灯，南边窗前是一个连通的大炕，上面铺着两条大红缎绣喜字大坐褥，在暖阁的北部还有两座落地罩的木炕，其中一座摆着炕床，也绣着喜字。

另一座则是整个洞房的主角，帝后睡的喜床。床上最惹眼的就是龙凤呈祥的图案，中间绣着一个大大的“囍”字，同时床边还挂着百子帐，床上有百子褥，寓意多子。

如今坤宁宫的洞房是根据同治、光绪结婚时的档案资料原状恢复，两位皇帝当时都是在冬天结婚，由于天气冷，这个喜床加装了保暖设备，比如整个床是一个炕床，下面有热气，而挂的百子帐有夹层、夹帐，它密不透风，可以很好地把热气锁在床里，不然帝后新婚之夜冻着凉就太不吉利了。

在喜床上方挂了一个匾，上面写着“日升月恒”四个大字，这可是慈禧亲笔写的，想来她也算是个才女，书法挺不错。

坤宁宫东暖阁的喜床

这四个字取自《诗经》，大意是说皇帝皇后结婚以后的生活就像初升的太阳一样，从地平线升起，越来越明亮，同时也像上弦月，越来越圆满。

皇后进入坤宁宫，有很多烦琐的礼仪要完成，首先是跨火盆，寓意“蒸蒸日上”。此外，皇后从娘家上了皇帝的喜轿开始，手里就得抱一个苹果，到了坤宁宫门口，必须把苹果放在早已准备好的马鞍上，寓意“平平安安”。

等好不容易进门了，最折腾的事才开始。皇帝得掀盖头，之后皇帝、皇后两人由公主、福晋搀扶着坐在喜床上吃子孙饽饽，寓意子孙满堂，再之后是喝交杯酒、换衣服，帝后两人面向吉方坐着名“坐帐”，还得吃长寿面，最后都弄完了，两人才能回到喜床尽享春宵。

不过这么多的仪式弄完，估计皇帝皇后早已累瘫，哪还管什么“春宵一刻值千金”，值万金也不如先睡一觉来得舒坦。

·拾壹· 为什么说御花园里有三大奇石

不知道从什么时候开始，御花园里就流传着一个传说，说这花园里有三块天神赐予的奇石，它们一个比一个“神奇”，似乎还拥有某种法力。这个传说的源头现在已无从考证，不过御花园里确实有三块奇石。

御花园里怪石嶙峋，有三大奇石最惹眼球，第一奇石当数“拜斗石”。细细看它的表面，有一个黑衣人正拱手作揖，躬身下拜，他的前方有七个小白点，所以有人附会诸葛亮拜北斗七星，这也是“拜斗石”的由来。

在《三国演义》里有这样一个故事，说是诸葛亮夜观天象，知道自己将有大劫，命不久矣，于是他按照北斗七星的形状摆下天罡法阵祈求延寿，结果魏延闯进帐中，一阵狂风把他的本命灯吹灭了。看到此景，诸葛亮有气无力地说：“我命该如此，是天命……”这一事还演变成了歇后语：“孔明拜斗——自知要死了！”

皇帝当然不可能取“自知要死”之意，“拜斗”实际上是道教祈求长生、消灾解难的一种仪式，诸葛亮的“斗”被魏延破坏，回天无术，但石头上的“斗”却永远也不会被“吹”灭，皇帝借此祈愿自己长生不老，无病无灾。

御花园的“拜斗石”

还有人说这是宋代爱石成癖的书画家米芾在拜石，更有甚者，竟然夸张地猜测这是一块陨石。

第二块奇石在“拜斗石”的对面，有些小朋友看到它总以为是玉米棒子，但实际上，这些肉嘟嘟带点刺的小东西更像是“石海参”。它们“扣”在一起，组成插屏的样子，很是可爱。关于它的来历，已经无从考证，专家推测可能是明代的遗物，反正它的样子总让我想起“葱爆海参”这道菜。

第三块奇石的位置在绛雪轩边，粗粗一看，以为是块木头，但实际它还真就是块朽木，背面还有无数个虫蛀的小孔。只不过此木非比寻常，它是经过自然界千百万年的作用，化木为石，成了一块“木化石”。

据记载，这块木化石是由黑龙江将军福僧阿进贡的奇特之物，当时乾隆看过后特别高兴，还专门在石上写下了一首诗：“不记投河日，宛逢变石年。磕敲自铿尔，节理尚依然。旁侧枝都谢，直长本自坚。康干虽岁贡，逊此一峰全。”大意就是描绘这块“木化石”是由松树的化石变化而来，感叹沧海桑田。

除了这三大奇石，御花园里还喜欢用太湖石来造景，这种石头因常年经受水浪冲击，形成了千疮百孔、玲珑起伏的态势，具有“瘦、透、皱、漏”的特点。比如绛雪轩门口的“太湖石小分队”，这是乾隆下江南后仿江苏狮子林而建，取名“袖珍狮子林”。不过要论最大的太湖石造景，肯定非堆秀山莫属。

御花园的海参石

它虽然叫山，但实际是由大块的太湖石堆砌而成，名“叠石”。这座石山上有一个亭子，名“御景亭”，每年的重阳节，皇帝都会带着妃嫔们来此登高望远。堆秀山下还有两个大狮子，它们的背上承托着蟠龙，龙口向上，过去宫人们在山腰处置一铜缸，灌满水，利用高差将水由龙口喷出，形成一个人工小喷泉。

同时，在堆秀山上还藏着十二生肖，比如最明显的是鸡，它的爪子超级明显。至于其他生肖，就只有靠大家自己去想象和寻找了。

御花园的木化石

御花园里还有些特别珍贵

的石笋，石笋是喀斯特地貌的一种自然现象，形如竹笋出土，据说一万年才长高一米。

堆秀山的十二生肖之鸡

每次来御花园，别人都在看花看树，我却独爱这些石头。花草树木，一岁一枯荣，而唯独石头，过了百年依然如此。从它们身上，我仿佛能依稀看到百年前的御花园，那时的雨，那时的风，那时的雪，还有那时的人，都被“刻”在了这些石头身上。

·拾贰·

为什么在御花园里必须低下头

每次带朋友逛御花园，我都会特意叮嘱他们，别光看那些花草，一定要低下头看看，因为地面上的风景很独特。这些“风景”由无数小石子组成，名“石子画”，粗略统计，整个御花园有 900 多幅。

据记载，这些石子画主要由天然卵石、砖、瓦和油灰“修镶”而成。别小看这个“修镶”的过程，工匠们得一点点打磨，首先要设计出图样，然后根据需要打磨出瓦条，拣选出颜色和大小适宜的卵石，最后再将它们通过一系列复杂的程序镶嵌雕刻出需要的图案。

说起来简单，但每一步都需要工匠细心、细心、再细心，如果石子不结实，没嵌牢，帝后踩滑摔倒，那就是掉脑袋的大罪。

这些石子画的内容题材很多，总共分为四大类：

石子画中最多的就是花鸟鱼虫和一些代表吉祥的图案，比如绛雪轩附近有石榴，寓意多子。桃，长寿的象征；白菜，寓意清清白白；四神祠附近有昆虫和金鱼的石子画，取谐音“金玉满堂”；蝙蝠衔着两枚带寿字的铜钱寓意“福寿双全”（福在眼前）；鹿和鹤，组成“鹿鹤同春”，谐音“六合同春”，“六合”即天地四方。此外，还有蝉、燕子、螃蟹、蝴蝶、鹭鸶、乌龟、老虎等图案。

石子画里还有一些题材取自诗词，比如杜牧《清明》中的：“借问酒家何处有？牧童遥指杏花村”；唐代诗人贾岛的“松下问童子，言师采药去”；还有小学时最会背的李白的诗：“两岸猿声啼不住，轻舟已过万重山”，等等。

一边看一边回忆学过的诗词，感觉真好！

石子画里还有四大名著和一些志怪小说，比如《三国演义》里诸葛亮的“空城计”，刘备、关羽和张飞桃园三结义，凤仪亭吕布戏貂蝉，跃马檀溪等故事。此外，还有《白蛇传》里的“水漫金山”“断桥相会”的故事。

这些石子画里还有一些让人捉摸不透的东西，比如火车、自行车、交通警察等。

这些石子画中有一幅特有意思，我给它取名——“这个老婆太凶悍！”据说这幅石子画源自一出市井小戏《赌徒顶灯》，主要由四个场景组成：第一个是老婆手里拿着擀面杖，逼老公跪在板凳上，头上还得顶一个油灯；第二个是老婆手里拿着笤帚，老公头顶板凳跪在搓衣板上；第三个是老公头顶老婆的尿盆，而老婆手拿大棒坐在一旁骂；第四个是老公实在受不了老婆的折磨，骑着驴落荒而逃，老婆则在后面拿着擀面杖和菜刀追赶。

这组石子画在以皇帝、男子为尊的紫禁城中能堂而皇之地创作出来，难道是在暗示曾经的皇宫里也出现过皇帝怕老婆的事儿吗？

关于石子画最初的作者是谁，现在已无从考证，但从刻画的火车、自行车来看，估计是清末的产物。下次大家去御花园可千万记住了，低下头，风景更有趣！

“黄鼠狼给鸡拜年”石子画

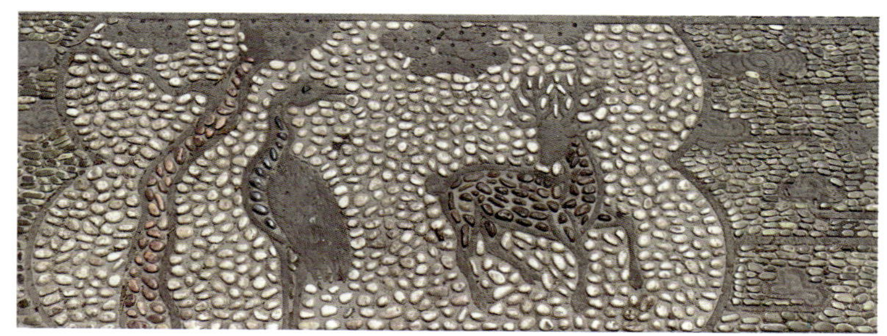

鹿和鹤组成“鹿鹤同春”

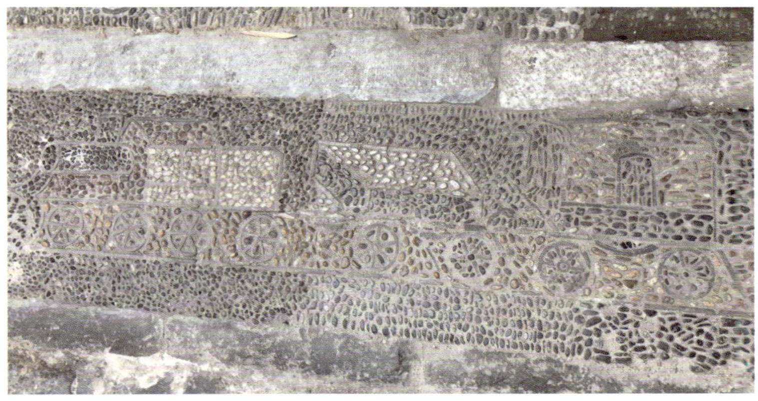

石子画的“火车”

“这个老婆太凶悍”石子画

·拾叁·

慈宁宫前的月亮计时器

在慈宁宫的月台上，有这么一个东西特别让人疑惑，很多人看到它都以为是日晷，不过细细看，它的样子又有些“怪”。

日晷有一根斜竖着的指针，可这个没有。同时，日晷只有一个晷盘，而这个却是双层，上面还有个贴合着的指针。

看到它，我就想到小时候校门口摆摊卖的那种“转转糖”，拨动指针，转到哪个动物，就用糖稀给你做成这个动物的样子。

慈宁宫前这个“日晷”长得很奇怪，其实它根本不是日晷，而是日晷的“妻子”月晷。

众所周知，日晷是利用太阳光来测算时间，“晷”，本身就有影子的意思，不过日晷的局限性很大，没有阳光就没法看。比如到了晚上，太阳下山了，日晷就起不到作用了。其实聪明的古人早考虑到了这个问题，所以巧妙设计出了根据月亮来看时间，专用于夜间的“月晷”。慈宁宫前摆放的就是月晷。

简单介绍下月晷的样子和工作原理，它大体由三部分组成：最

慈宁宫前的月晷

下面的大盘叫“地盘”，上面的小盘叫“天盘”，指针叫“月引”。

在地盘上刻着子丑寅卯等十二个时辰，顺时针排列，叫“时盘”，而天盘上按照从“初一”到“三十”逆时针的方向均分为30份，每份为一日。同时，在相应的日期上还标注了和月亮相关的“朔”“上弦”“望”“下弦”等字样，这是“日期盘”。

和日晷直接看影子读刻度不同，月晷的操作很复杂，首先要转动天盘，将盘上的一个向外指针（时引）指向当日的朔望月日期，然后再转动中间的月引，将其对准月亮，当环内没有月光时，说明已经对准，这时候月引在时盘上指示的就是当时的时刻。

其中的原理和月亮每天升起的角度和时间都大有关系，比如月亮只有朔日那天在上中天，以后每天都会向东移动 13 度左右，所以时盘也得根据这个角度来调整，而且时盘转的角度还得由下面的日期盘来决定。

说到这里，估计大家已经彻底晕了，月晷计时实在是太复杂，难道每天晚上小太监们还得跑到这儿不停地转动天盘、月引来看时间？当然不是！经过专家们的研究，慈宁宫前的这个月晷在计时方面其实作用不大，也不是那么精确，摆在这儿，象征意义更大。

慈宁宫是上届“宫斗冠军”（皇太后）的正宫，明朝在这里住过的太后颇多，像万历皇帝的母亲慈圣太后就在这儿住了 34 年零 4 个月，而清朝的孝庄比她住得还要久一点，住了 34 年半还多些时日。不过自从孝庄去世后，这座宫殿就没有人再长时间居住。

慈宁宫前的日月晷

虽然不再作为住所，但慈宁宫作为太后正宫，意义重大，很多礼仪性的活动都要在这里举办。比如太后过生日、上徽号、进册宝都在这里举办仪式，还有像每年的正月十六，皇太后也会按惯例在慈宁宫设宴，宴请下嫁外藩的公主、郡主和蒙古王公的福晋、夫人等，一方面是笼络，另一方面也是感谢金枝玉叶们为了国家的利益能舍弃儿女私情远嫁。

可以说，皇太后在整

个宫中是地位最尊贵的女性，给她的家门口装月晷，月亮主阴，代表女子，这样无疑是给她戴上了一个镶嵌着“太后”标志的“月亮表”，彰显着她至高无上、无比高贵的身份。

同时，在月晷的旁边还有一座日晷。但是一看，它的背面竟然装了月晷独有的地盘和月引，它的学名是“日月晷”。它的构造更复杂，操作更难，但依然是象征意义占主导地位，将它和月晷联系起来，有种“日月同辉”的感觉。

慈宁宫前的月晷和日月晷，表面上看好像是在体现太后的尊贵，但更深层的，是皇帝在向天下表达一种态度——“孝”。古来皇帝都提倡以孝治天下，明清也不例外，至于怎么“孝”，方法很多，除了日常给老妈问安、锦衣玉食伺候、陪老妈旅游等行动，一些“形式”上的行动也必不可少。像这两座“晷”就是典型，这是皇帝在表决心：“我对老妈绝对孝顺，老妈是月中之月，谁也比不上她，生养之恩大过天，比日月都大！”

·拾肆· 养心殿前为什么放了个带孔的大玉璧

去故宫的次数多了，总能听见各种奇怪的讲解，不过要说最奇怪的，莫过于在养心殿听到的那次。记得当时一黑脸大哥刚走到养心门就特神秘地讲道："看见这个中间带孔的玉璧了没，这个是当年奶妈给皇帝喂奶用的，因为男女授受不亲，所以奶妈得将乳头穿过玉璧让小皇帝喝奶，不能让他见脸！"这里说的玉璧就在养心门前。

粗听起来，还真有那么点道理，但细想想，漏洞百出，皇帝那么小，抱到这儿风吹日晒地吃奶，着凉了怎么办？而且养心殿是成年皇帝住的地方，小皇子们还在襁褓之中，怎么可能抱到这里来喂奶呢？

这块玉璧叫作"铜嵌玉插屏"，它的屏面和底座都由铜铸成，屏心处安了一大块素面的玉璧，周围还刻有二龙戏珠的图案。之所以放在养心殿门口，主要和养心殿以及殿里的某个人有关。

养心殿可谓是紫禁城里"逆袭成功"的典范，明朝时，它默默无闻，记载不多，唯有两次大事让它露了露脸：一次是嘉靖皇帝为了炼丹，曾在养心殿建过一座砖石无梁殿；第二次是万历二十四年（1596），万历皇帝因为住在养心殿而逃过了乾清宫的大火。

养心门前的玉璧

清朝时，养心殿开始“崭露头角”，渐渐有了皇帝的“皇气儿”，首先是顺治皇帝曾在此临时居住，驾崩也在这里。

康熙皇帝还将养心殿的西暖阁变成了自己学习西方数学的教室，有时召传教士来此授课。同时他还在这里设立了“皇家百宝加工厂”——造办处，负责御用物品，比如金器、玉器、铜器、绘画等物品的制造和加工。据说当时的养心殿聚藏了很多珍宝，有一种“夜光木”最为神奇，它长于塞外的深山之中，能在黑夜发出荧光，“其光可照明”，有了它，养心殿的蜡烛钱都省了。

不过让养心殿大放光彩的是雍正皇帝，当年继位后，他决定搬到养心殿居住，自此，清朝的后七位皇帝都在这里办公、居住，一瞬间，养心殿成为清朝的政治、军事和权力机构的中心。

养心殿在清朝是皇帝的卧室兼办公室，他们常坐在最正中的龙座上批阅奏章，发布旨意和政令，有时批着批着累了，便会抬起头来转转脖子，让颈椎放松下，这一抬，眼光最先看到的就是和他们对着的这块大玉璧。

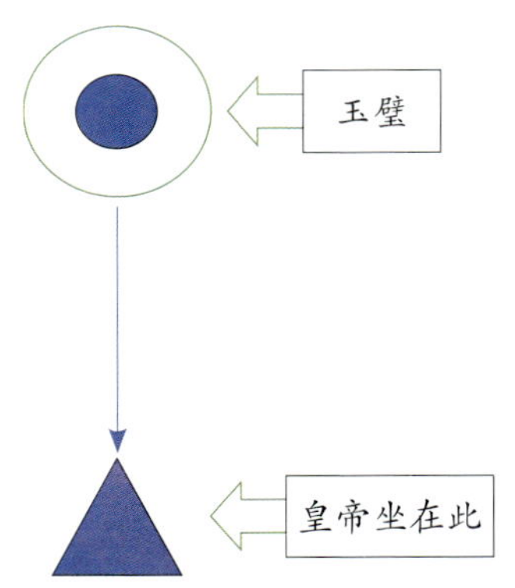

养心殿里的皇帝和玉璧示意图

看着它，皇帝也许会自责一下："我怎么能休息呢！整个国家那么多事，不能偷懒！"我们常说"面壁思过"，养心殿这里的"壁"是"璧"，皇帝看着它就是在"思过"，它警醒着皇帝要时时反思自己的行为是否得当，是否真的在为老百姓做好事。

同时，这块玉璧上雕有八条龙，中间圆孔正对殿内宝座上的皇帝，恰好暗含皇帝为第九条龙，乃真龙天子之意！

玉璧为祭天之礼器，在《周礼·春官宗伯》中就记载："以玉作六器，以礼天地四方。以苍璧礼天。"这件玉璧内圆外方，象征天圆地方，实则也是提醒皇帝要心系天下，关心江山社稷。

《孟子》里曾写道："养心莫善于寡欲"，此即为养心殿之得名，它告诉帝王，修身养性最好的方法就是减少欲望。有时我总在想，身为帝王，"寡欲"是件极难的事，就像这块大玉璧，它时刻提醒皇帝要反思自己，造福天下，这不也是一种"欲"吗？如果帝王真的没有任何欲望，那国家会成什么样呢？

·拾伍·翊坤宫里为什么放了个有错别字的木门

翊坤宫，西六宫里的一座宫殿，“翊”为辅佐，“坤”象征皇后，“翊坤”，即有辅佐皇后之意。这里常住一些受宠或者位分比较高的妃子，比如万历皇帝的宠妃郑贵妃、崇祯皇帝的袁贵妃、康熙的宜妃等。

作为一座“宠妃宫”，皇帝肯定会给它最好的布置，可走进翊坤宫的大门，你会惊讶地发现，这里竟然有两个字写错了——“明”和“盛”，“明”字的日字旁多了一横，而“盛”字头上少了一点。这不明摆着在皇帝眼皮子底下犯错吗？

其实这两字不能单独念，它们被“写”在一块木质影壁门上，必须和背面的“光”字与“昌”字连起来，即“光明昌盛”。当这块影壁门关起来，这四个字就完整无缺地出现了。

版本一：雍正皇帝爱“感悟”。

相传这四个字是雍正皇帝所写，当年他故意把字写错，倒不

翊坤宫里的影壁门

翊坤宫影壁门的另一面

是因为不识字，文化水平不高，而是他想借此抒发一种感悟：“人生真的没有十全十美之事，总会有缺憾，遇到难事一定不要抱怨和放弃。”

这么来看，雍正还是个“心灵鸡汤烹饪高手”，不过这种说法太扯，因为这块影壁门上的字在雍正之前早已存在，不可能是他创造出来的。

版本二：都是明朝惹的祸。

第二种说法和顺治皇帝有关。据说明朝时，翊坤宫里的这四个字和我们现在写的字一样，并没有错。可后来顺治皇帝搬进紫禁城后，本着“新业主新气象”的原则，他觉得这“明”和“盛”实在碍眼，明朝都覆灭了，怎么还能“光明昌盛”呢?

这个时候一些拍马屁的大臣看出了皇帝的心思，他们出主意将“明”字中间改多一横，这叫“月满则亏”，而“盛”字头上少一点，是让你大明的残余势力出不了头，想复国永远差那么一点!

版本三：为了避讳。

中国古代有故意将字多写或者少写的传统，这叫“添笔”或者“缺笔”，多是为了避讳，翊坤宫的“明”和“盛”故意写错，想必也有避免涉及“明朝兴盛”之意。

清代对于文化的统治很严，为了巩固统治，皇帝们大兴文字狱，以此来钳制人民思想，比如在雍正时，考官出考题用了“维民所止”四个字即被砍头，因为“维”“止”二字就好像去了雍正的头，这不是诅咒皇帝吗?

乾隆在位时，文字狱更是多达上百起，文人骚客写诗都不敢带有“明月”二字，像“清风不识字，何故乱翻书”这样的诗句更是有含沙射影之嫌，会招来杀身之祸。

翊坤宫的“错字”被附会的故事实在太多，但从书法艺术的角度来看，古人为了整体字形的协调和美观，或者出于自己的习惯，都会有增笔或减笔的写法，比如“目月”明，很多大书法家都会这么写，最典型的如大书法家王献之《洛神赋》中的“明”。还有由魏征撰文、欧阳询书丹而成的楷书书法作品《九成宫醴泉铭》中的“明”。

有意思的是，曾悬挂在漱芳斋的“正谊明道”匾也是将“明”写成了“明”，“谊”刚好少了宝字盖上那一点，这和翊坤宫的改字做法如出一辙，也是有增有减，很对称。

看着这两个所谓的“错字”，你更愿意相信哪种说法呢？

·拾陆·

储秀宫里有个『淘宝同款』的美容神器

早就听说储秀宫里有个“美容神器”，它上面印着慈禧的“标志”，据说常用有美容养颜的功效，这个神器现如今就躺在储秀宫的西稍间里。

这个小东西在淘宝上卖得很多，它主打的功能就是以“玉”滚脸来促进面部血液循环，达到瘦脸的效果，而且还有很多干脆打上了“储秀宫慈禧同款”的字样。

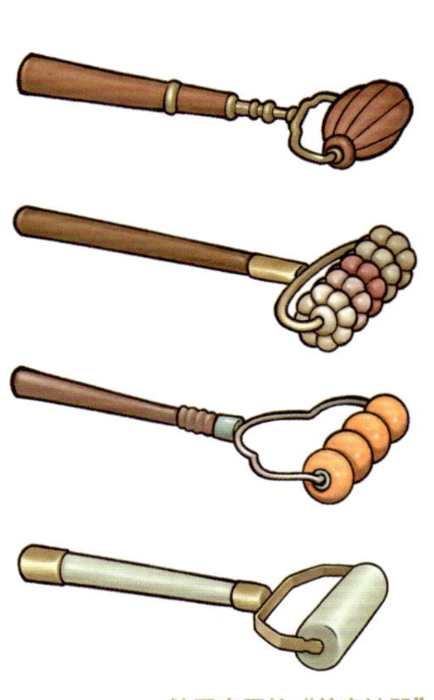

储秀宫里的“美容神器”

“想不想和慈禧一样，60 岁的脸还和 18 岁一样呢？赶紧来一支慈禧同款的玉滚轮！买它！买它！快买它！”这样简单粗暴的广告词，你心动了吗？要不要来上一支？

小小玉滚轮不仅在淘宝走红，

而且畅销全世界。很多国际大牌，好莱坞女星、美妆博主都纷纷推荐它，比如在亚马逊上，年销量千万个，外国人还给它取了个好听的名字“Jaderoller”（Jade：玉；roller：滚柱）。

玉滚轮有没有用呢？德龄在她的《御香缥缈录》中曾说道，慈禧太后有一套特殊的美容大法，就是每日用“玉轮”，在面部揉搓擦滚，以延缓衰老，瘦脸美肤。

不过慈禧用的玉轮和淘宝几十块一支的可不一样，它的玉材质极佳，而且不仅是玉制，还是“碧玺大滚珠+翡翠小滚珠+象牙手柄+黄金雕花支撑架”的超奢华组合。

想必用玉滚脸还是能对护肤起到些作用，但像现在广告里说的瘦脸、按摩淋巴等等，有待考证。

从小小的玉轮就可以看出，慈禧对自己真是舍得投资，不过这只是“冰山一角”，整个储秀宫里，慈禧的“投资”多种多样。

慈禧在储秀宫的重点“投资”之一就是水果，据伺候慈禧太后的宫女荣儿回忆：“在太后的寝殿里摆着五六个空缸，那不纯粹是摆设，是为了窖藏新鲜水果用的。太后的寝殿里不愿用各类的香薰，要用香果子的香味来薰殿，免得有不好的气味。除储秀宫外，体和殿也有水果缸。这些水果多半是南果子，如佛手、香橼、木瓜之类。”（《宫女谈往录》）

这里提到的“空缸”很有可能就是如今储秀宫里放着的绿地钵缸。

如今的储秀宫恢复了慈禧过50岁生日时的样子，当年她“投资”了63万两白银进行豪装。

首先，是拆掉了储秀门和翊坤宫后殿，建成了体和殿作为饭厅。这样，储秀和翊坤两宫被打通，形成了一个四进的超大宫院，她个人独享超过5000平方米的豪华空间，简直比皇帝住的地儿都大，这要是乾隆地下有知，一定气得再活过来！（当年他在位时，曾下令后世子孙不得改动东西六宫的格局。）

其次，是在储秀宫门前添置了一对铜龙，还在体和殿前添置一对铜凤，形成“龙凤”的格局。这在后宫中可是独一份，尤其是用龙来守门，慈禧这逾制有点太过，简直胆大包天。

最后，就是对储秀宫内部进行豪华“软装”。比如卧室里豪奢无比的梳妆台，叫作“铜镀金镂花玳瑁嵌珐琅画片带表妆奁”，光听名字已经知道它的档次很高。不过最牛的还数宫里的两件象牙制品，一个是“龙船”和“凤船”。仔细看，凤头比龙头稍高一些，也许是慈禧想告诉所有人“凤在龙上”，她才是宫中最有权的！另外一个是东稍间里的象牙宝塔，它由一整根象牙雕制而成，采用了镂刻、圆雕、拼镶、嵌色等多种技法，最精妙的是在九级宝塔的每层阁内，都设有一尊佛像，活灵活现。

储秀宫里的龙船和凤船

储秀宫是慈禧的“发迹之地”，当年她以兰贵人的身份入住此宫，后来凭借“心机”和“努力”，渐渐成为老公咸丰的宠妃，还顺利在此诞下皇子，即后来的同治皇帝。可以说，这座宫院记录了她太多的心酸和努力，所以也就不难理解，为什么到了晚年她还要费尽心思，搞那么大手笔来装修储秀宫，这是她的“福宫”和“回忆宫”。

储秀宫里的象牙宝塔

·拾柒·
故宫“最强钉子户”，百年未动过

故宫里有一件号称“最强钉子户”的文物，它从诞生到现在，从来没有挪过位置，完全一副“谁来也甭想动我”的高姿态。它的真身是一件超级硕大、吨位很重的玉山，高两米多，重达5000多公斤，全名叫“大禹治水玉山”。

珍宝馆里的大禹治水玉山

这件大禹治水玉山是用一整块密勒塔山青白玉雕制而成的，整个玉山呈现的是大禹和追随他的民众开山凿石、疏通江河、治理洪水的场景。仔细看上面雕琢的人物，他们有的用锤打，有的用镐刨，还有的用杠杆锤击，凿石开山，使水就下。

玉山中的大禹，他正在山腰间指挥治水

大禹治水的行为感动了上天，在山顶上，一群金甲天神下凡来相助他治水。同时，人们用火烧的方式让山体崩裂，结果大火一起，惊动了山林里的各种动物。不过有人推测这个“山顶”的场景表现的是“益烈山泽”的故事，《孟子·滕文公上》中写道：“舜使益掌火，益烈山泽而焚之。”相传舜帝让益学会了用火，益就用火烧山林的方式把野兽驱赶走，这样人民就可以安全地在这里开发土地，安居乐业。

说了这么多，肯定有人会问：“作为主角的大禹在哪里呢？”

其实要找大禹的位置很简单，他头戴“主角光环”，作为总指挥的他一定是万众瞩目的焦点人物，所以民众们齐刷刷地望着的这个人就是大禹。

在那个没有现代交通工具的年代，运 5000 多公斤的大玉石从新疆走到北京，其中的艰辛无法想象。据记载，这块玉山得用轴长三丈五尺的特大专车来运，车上有铜把，前面得有 100 多匹马来拉，后面还需有上千个民夫来推。在运输过程中，逢山开路，遇水架桥，冬天天冷时，就凿井泼水成冰，把它放在冰面拽运，用这样的方法，从新疆到北京几千公里，总共用了 3 年才运到。

玉山到达北京后，乾隆又将它由运河运至扬州雕刻，花费 7 年多的时间才完成，之后又运回北京，安放在宁寿宫的乐寿堂中。

前前后后，从采玉到最终完成，大约 10 年的时间，这其中耗费的人力物力财力真的不计其数。有人估计过，这座玉山可能需要白银 1.5 万余两，按当时的物价，大致相当于大米一万六七千石（一石约合 60 公斤），也就是大约 70 万公斤大米！

乾隆之所以“劳民伤财”地弄这座玉山，背后是有深意的，他在玉山的背面命人刻上了《题密勒塔山玉大禹治水图》的御制诗，从诗文里可以看出，乾隆这么做有几层含义。

第一，诗中有这么一句：“画图岁久或湮灭，重器千秋难败毁。”大意是说，如果将功绩用史料或者图画这样的书面形式记录是很容易被销毁和湮灭的，唯有刻在玉山这样的“重器”之上才能永远流传。

第二，玉山表面上虽然是在歌颂大禹治水，但实则是乾隆耍的“小心机”：“看！历史上从来没有从新疆运这么大块玉到北京的，也只有在我的统治之下，准噶尔部被平定，回部上层分裂分子叛乱被镇压，地区形势安全了才能办成这种千古之事，这都是我的功劳！”

第三，大禹治水，功在千秋，历史上很多帝王都以他为榜样，乾隆也不例外，他也想借着大禹，说明自己是造福百姓、开疆拓土的明君。

这座玉山自乾隆五十二年（1787）摆放于此，就再未动过，哪怕是后来的战乱、文物南迁等都没有影响到它，除了它本身又大又重外，还因为乾隆一开始就想让它成为“最强钉子户”，它摆放的位置，刚好位于空间的十字中心处，这在风水学上叫“十字天心”，为稳固之象，不可移动。这座大玉山就如同乾隆的“功劳簿”，他希望自己的功绩万古流传，至少人们看到玉山就会想到他，可现在来这参观的人，除了拍照发朋友圈，感叹下好值钱，又有谁记得它的主人、它的深意呢？

·拾捌·

故宫动物园之四个“大”动物

有时候去故宫会有种“错觉”，明明是买了皇帝家的门票，但怎么感觉是在逛动物园？在宫里行走，时不时地就会遇到几只“神奇动物”，这些动物千奇百怪，天上飞的、地上跑的、水里游的，一应俱全。下面，我们就先讲讲这些动物。

要说故宫里最多的动物，肯定非龙莫属。据粗略统计，整个宫里有 5 万多条龙，它们分布在柱子、天花、斗拱、瓦当、彩绘等处，反正就是一个“万龙宫”的感觉。其中，太和殿里的龙最多，号称“大龙窝”，殿中有 1.3 万多条龙。

咱们中国人对龙的想象很多，根据龙的形态还分成了行龙、坐龙、团龙，比如雨花阁顶上的龙，它作奔跑的样子，就叫跑龙。

传说这几条跑龙白天被太阳晒得口干舌燥，一到晚上就飞到最近的长春宫喝水，皇帝为了让龙喝完水后休息好，专门准备了一个石枕头，名“龙枕石”。另外，当月亮高挂时，这几条龙的影子刚好可

九龙壁中受了伤的白龙

以落在长春宫院内，就仿佛真的龙在睡觉，特别神奇。

除了雨花阁的跑龙，宫里还有很多龙的故事，比如“九龙壁”。九条不同颜色的龙升腾于云雾江河之中，尤其是最正中那条黄龙，眼睛正对着皇极殿宝座上的皇帝，威严无比。九条龙中，左边数第三条白龙的腹部受了点“伤”。传说腹部的这块琉璃瓦在烧造时出了点意外，情急之下，聪明的工匠将木头“伪装”成了琉璃的样子来蒙混过关，如今随着岁月的流逝，木头的颜色渐渐显露。

龙不仅法力高强，而且还和人一样会生孩子，传说龙一共产九子，不知是基因突变还是怎么回事，九子长得都不像龙，我们简单来看几个。

故宫宫门上的铺首

椒图，喜欢当保安，常用在门上做铺首。

螭吻，喜欢吞东西，在宫殿的正脊两端常用到它，感觉和它的名字特别配，就好像在亲吻屋脊。传说为了防止它逃跑，还在其背部插了把剑，看着也怪疼的！有专家称，明代螭吻背部的剑柄微微向龙头弯曲，顶部做成祥云。清代的和它稍稍有区别，剑柄上部是直的，没有弯曲，顶部装饰多为鱼鳞状。

别小看这个螭吻，它可是宫殿的“保护神”，在《明史·五行志》里记载，紫禁城在明朝一共遭受 13 次雷击，其中有 6 次击中了宫殿顶上的螭吻，而整个宫殿安然无恙。

睚眦，这是龙子里最凶的，我们常听到的成语“睚眦必报”就从它来，古人常将它刻在刀剑的吞口处，在故宫武备馆里就有它的身影。

蚣蝮，喜欢游泳，是个“水控 + 桥控”的小神兽，古人常把它雕刻在桥上，比如御花园的浮碧亭和澄瑞亭。

霸下（有人称赑屃），特别勤劳，就喜欢驮重东西，常用来驮碑。故宫太和殿前有一只龙头龟类似霸下，它不驮东西，主要是用来吐烟，背部有活动的开盖，可以用来放香料，等到太和殿举行大朝礼时，它就负责吐烟，营造一种庄严肃穆的气氛。和它组成搭档的是旁边的铜鹤，背部也有一个可打开的盖子，作用也是放香料焚

太和殿前的龙头龟

香。铜龟铜鹤，寓意江山永固、福寿绵长。

龙生九子的说法有很多，还有宅男狻猊，它喜欢吞云吐雾，所以古人常将其放置在香炉上。此外还有“神兽好声音第一名”囚牛，它爱好音乐，唱歌动听，古人常将其雕刻在胡琴琴头等。

故宫这个“大动物园”还养了六对狮子，这些狮子的大小、样貌稍有差别，比如太和门前的一对青铜狮，是狮子们的“老大”。其中，脚踩绣球的是公狮子，代表一统天下；脚踩小狮的是母狮子，代表子孙绵延。仔细看，它们都烫着卷发，这叫“螺髻”，总共有45个，暗合皇帝是“九五之尊”。同时，它们的头和身子都圆鼓鼓的，结合着屁股下坐的方形底座，取“天圆地方”之意。

在明代，太和门是举行御门听政的地方。届时，皇帝会坐在太和门内接受大臣们的朝拜和上奏，而这时，两只青铜狮就会把耳朵

“竖起来”，似乎是在监视着广场上的风吹草动，也似乎在告诉所有人：“皇帝在这里开大会，光明正大！”

其余五对狮子就显得小一些，而且采用的是鎏金工艺。和太和门前的“大哥狮”不一样，它们的耳朵都是耷拉下来的，因为乾清门之后是皇帝后妃睡觉生活的地方，小狮子们要小声，要安静，别乱听里面的“动静”。不过有专家认为，这似乎也是在告诫后宫妃嫔不要乱打听前朝之事。

最后说一对“最小最小的狮子”，它们在长春宫。这里曾是慈禧太后的寝宫，当时的她权倾朝野，在家里放狮子估计也是想彰显自己的权力。（注：一般后妃宫内不能放狮子哦！）

在御花园的承光门内，有两头跪了百年的大象，它们一东一西，相向而跪。这两头大象的身上讲究很多，比如佩戴的璎珞，原为古代印度佛像颈间的一

太和门前的青铜狮子

乾清门前耷拉着耳朵的狮子

御花园内跪着的大象

种装饰，由百宝所成，代表“无量光明”，而脖子上系的铜铃，有驱邪化煞的功效。

两头大象就如同两个卫士一般，忠诚地保护着紫禁城的主人——皇帝。同时，大象还是一种礼仪的象征，据《明宫史》《钦定大清会典则例》等史书，明清皇帝们常饲养大象作为仪仗队，有一种接驾礼仪的感觉。

最后，大象代表了平安、吉祥，它温顺稳重，人们常将“象”谐音为“祥”，比如以大象驮宝瓶，寓意“太平有象”。有时在宝瓶中还会放上五谷，代表太平有象、五谷丰登。

仔细看御花园的这两头象，它们四条腿两前两后地跪着，“跪”与“贵”、“负”与“富”谐音，寓意“富贵吉祥”，同时也蕴含着皇帝祈求国泰民安、江山永固的美好愿望。

·拾玖·

故宫动物园之最让人『蒙』的动物

今天我们接着逛“故宫动物园”，带大家看一些特别容易让人发蒙的神奇动物，它们有的是上古神兽，有的只是普通动物，还有的是普通动物的“变种款”。

在这些神奇动物中，有一只最让人看不懂，很多人看到它，会马上脱口而出：“这不就是麒麟吗？”

其实你细看就会发现，它和麒麟根本不一样！麒麟的头上是两个角，而这只明显只有一个角。难道是麒麟妈妈生孩子时发生了基因突变，其中一只的角“变”没了？当然不是！它们俩不是一个品种，这只独角兽其实叫“獬豸”。

獬豸，神兽界的“福尔摩斯”，它拥有侦查、测谎、断案等多种能力。相传尧舜时期的司法官皋陶养了一只獬豸兽，它的外形酷似独角的神羊，每当皋陶需要断案时，獬豸就会前来相助，它能通过控辩双方的陈词分清谁说了假话，然后用独角将假话者顶倒。

御花园中的“独角兽”

因此，獬豸是司法公正的象征，在西周金文里，早期的“法”字就和它有关。在《说文解字》里，对“法”的解释是：“刑也。平之如水，从水；廌，所以触不直者；去之，从去。”大意就是说，“法”由两部分构成，即“灋”，其左边类似水流的形状代表法律平直如水，右边那个很难写的部分就有点类似独角的獬豸。

獬豸不仅是神兽，它的形象还被运用在了司法官员的服饰上，比如汉朝廷尉等官员就会佩戴獬豸冠，明清时期，像御史一类的官员还会穿有獬豸图案的补服。

其实獬豸算是从羊进化而来的神物，从西汉到明清，它的形象也在变。唐以前是个独角的羊，从唐开始渐渐出现了牛马的特征，比如在武则天母亲的陵寝顺陵前，就有一只类似牛马形状的獬豸兽；到了明清，尤其是清朝，龙的特征开始显现。

御花园中的这只獬豸兽大致属于雍正时期的作品，它具有龙的很多特征，放在天一门前，有保护皇帝、象征忠诚的功能。

麒麟和獬豸虽然长得有些像，但它的角是两只（《说文解字》里曾说它“一角”），慈宁宫前就有它的身影。

麒麟和龙、凤、龟合称“四灵”，早期古人是将麒麟分开，雄为麒，雌为麟。自古以来，麒麟就被视为祥瑞之兽，当年孔子的母亲颜氏就因为梦见麒麟入怀，所以怀孕生下了孔子，据说生产时还有麒麟来产房送“玉书”，上面写着“水精之子，系衰周而素王”，寓意着孔子乃麒麟之子。这个故事也被称为“麟吐玉书”，各地的文庙经常以此为装饰，代表祥瑞诞生，圣贤降临。

慈宁宫前的麒麟

古人认为，麒麟现世，代表有明君在位，所以历代帝王都喜欢用麒麟来标榜自己。据说鲁哀公的某位大臣在打猎时捉到了一只麒麟，结果孔子听说后，郁闷地感叹道：“麒麟本出现在盛世，从来无人敢伤害，如今这个乱世，礼崩乐坏，麒麟也被人所伤，唉，乱哪！”于是他心灰意冷地把笔一摔，正在写作的《春秋》也不写了。

民间将麒麟视为送子的神兽，故宫里过年挂的“麒麟童子”门神就有这层含义，老百姓还会给小孩子戴上麒麟帽、麒麟锁，祈求它的保佑。

中国的独角兽除了有獬豸，还有一个小胖子，它叫“甪端”（也有称“角端”）。虽然长得胖，但据说能日行一万八千里，称得上是“小短腿，跑得快”。此外，甪端还是个外语天才，传说它“晓四夷之语”，有圣明君主在位时，它还会主动来“求抱抱”（明君圣主在位，明达方外幽远之事，则奉书而至），所以皇帝的宝座旁经常

故宫里的甪端

会放上它。此外，香炉等实用器具也经常会做成甪端的模样。

说到甪端，《元史》里还记载了一个故事，说成吉思汗的大军征讨印度时，在铁门关附近遇到了一只“独角大怪兽”，它长着一张大口，嘴里似乎在念叨着：“汝主宜早还。”当时的“百科博士”耶律楚材看后禀告说：“这是一种神兽，叫甪端，它通晓各地语言，厌恶杀戮和战争，这是劝您收兵呢！”成吉思汗一听，觉得有道理，随即放弃了南征的念头，班师回朝。

这个故事的真假未可知，有人认为这是耶律楚材劝服成吉思汗的一个“诡计”，因为蒙古士兵们常年生活在温带地区，他们在湿热的印度一点也不适应，病的病，死的死，厌战情绪达到了顶点，士气也很低落，所以很可能耶律楚材假借了甪端之口来让成吉思汗收兵。

慈禧住的储秀宫里放着铜龙铜鹿，这在后宫是“独此一处”，放龙是彰显她的权力，可放鹿又是为了什么呢？原来，鹿在中国文化里含义特别多，下面一一叙述。

首先，鹿代表爱情。在原始社会的婚礼习俗中，男方会送两张鹿皮给女方作为聘礼，有夫妻同心、相互体贴、同甘共苦之意。储秀宫是慈禧的发迹之地，鹿在这里也代表了她和老公咸丰曾经的爱情。

其次，鹿代表着长寿。在葛洪的《抱朴子》里就写道，鹿寿千岁，满五百岁则白。就是说鹿能活千年以上，从 500 岁开始，身上的颜色就会变白，成为白鹿。传说中白鹿常作为仙人的坐骑，所以慈禧喜鹿，也有祈求长生、延年益寿之意。

再者，“鹿”与“禄”同音，也是一种吉祥的象征，它经常和蝙蝠组合在一起，称为“福禄双全”。

最后，鹿也是权力的象征，古时人们将鹿视为捕猎的对象，我们知道的像“逐鹿中原”“鹿死谁手”等词语，都有争夺权力之意。慈禧将“权力鹿”放在家门口，也是彰显自己才是全天下最有权的人。

·贰拾· 故宫动物园之隐秘的小神兽

“故宫动物园”里除了有狮子、大象、龙这些大型动物外，还有一些隐藏很深的小神兽，下面请大家擦亮双眼，一起去找找它们吧。

首先是屋脊上的“仙人仙兽小分队”。

排头的是骑凤仙人，关于他的身份，传说很多，有一种说法认为，他是战国时期齐王的化身。当年齐王被敌军讨伐，奔逃之时来到了一条大河边，眼看敌人就要追上，自己又不会游泳，绝望之际，天上忽然降下一只凤凰将他驮过大河，所以后世就把他做成“骑凤仙人”，暗含着遇难成祥、化险为夷之意。

在骑凤仙人之后排列着龙、凤、狮子、海马、天马、押鱼、狻猊、獬豸、斗牛、行什10只小神兽。

龙、凤、狮子、狻猊、獬豸前面讲过，这里重点说说其他几只。

比如海马，它长得像马，身上有一条水波纹，传说它统领海兽，又名“落龙子”，象征皇家威德直通海底。天马和海马长得很

垂脊兽

像，只是身上的装饰由水波纹变成了翅膀。

其实早在汉代，皇帝就把西域的良马统称为“天马”，汉武帝就曾在获得乌孙国的宝马时兴奋地将其命名为“天马”。

天马和海马的组合寓意皇家的威德可通天入海。

押鱼为龙头鱼身的“美龙鱼”，它长着鱼尾，身子和头类似龙形。传说它是海中异兽，可呼风唤雨，灭火防灾，有人说它呼应着天上的鱼尾星。

斗牛，牛头龙身，传说它是镇水兽，凡发生水患之处都会以牛镇之。

最后一只排行第十，名“行什”，它长得有点像长了翅膀的孙悟空，手里还拿了个降魔杵，传说它是雷震子的化身，能驱邪消灾，防雷防火。

这 10 只神兽齐齐地坐在太和殿上，除了起到防雷、祛邪的作用外，还有其他功能：其一，这 10 只小动物都是和下面的筒瓦烧造在一起，共同覆盖住了屋脊的交汇处，防止下面的木构件受到风雨侵蚀；其二，这些小神兽体现了大殿的等级，除太和殿外，其他宫殿的神兽数量一般使用3、5、7、9，数量越多，等级越高，而太和殿作为等级最高的地方，10只全有，尤其是行什，全国的宫殿中就只在这儿有。

在皇极殿前的石雕上，如果你细细地看，会发现一只带翅膀、长着鱼尾巴的龙。传说它叫“飞鱼”，在明朝的服饰里，有一种官员穿的“飞鱼服”上就有它，这种服饰的等级仅次于蟒衣。

皇极殿丹壁前长着翅膀和鱼尾的龙

在御花园的钦安殿前，有一块方形的大石雕，它叫“水盘”，即在石碑石雕下放置的石质底盘。这块石雕水盘上刻了皇帝的“海鲜大餐”，比如有皮皮虾、大闸蟹、甲鱼，还有海猪肉，等等。实际上，它们都是海中异兽，除此之外还有蟹精、螺蛳精、海马、龟精、海牛、蚌精、海象等。这个水盘其实是个“夹杆石”，因为钦安

钦安殿的水盘

殿会举行一些道教仪式，届时，会在此竖立一根长 30 多米的大旗，名“五龙捧圣大旗杆”，非常壮观。

慈宁宫石雕上的“小蜥蜴”

在慈宁宫前的石雕上，如果你仔细看，会发现一只超级小的“蜥蜴”。它张着嘴，吐着舌头，还挺可爱。

有人说这叫“守宫”，是一种形似壁虎的小动物，我们常在影视剧中听到的“守宫砂”就和它有关。据说调制守宫砂时，要每天喂它朱砂，等到喂满 7 斤时就将它杀死晒干，研磨成粉末，然后用朱砂调制成汁点在女人手上，以验其贞洁。

不过也有专家指出，这个“蜥蜴”和守宫不是一个品种，它是萨满教的吉祥物，能口吐祥云，可以说是一个爱吐云的“小宝宝”。在泰陵、慕陵和慈安陵等处都有类似的小“蜥蜴”。

那么，慈宁宫为什么要雕刻它呢？说实话，现在依然是个未解之谜。

在故宫的断虹桥、景仁宫和永寿宫等处，有一个发型超级拉风的小神兽，它的名字叫靠山兽，常立于桥头的两边，寓意给桥做“靠山”，保护桥平安长久。

它们的发型估计都出自宫里的“Tony 老师”，手法几乎一样。有专家认为靠山兽的原型为麒麟，故宫的这几对为元朝遗物。

断虹桥的靠山兽

宫斗篇

真实的宫中女人

·壹· 麝香、红花和夹竹桃真的是『滑胎三宝』吗

要说宫斗剧里最必不可少的桥段，肯定非“滑胎”莫属，后宫娘娘们只要听说谁怀孕，表面上虽然笑嘻嘻地祝贺，但内心里早就在“扎小人”，恨不得一脚踢上去。

记得《甄嬛传》里有三个滑胎“宫心计”。

1. 安陵容用掺了麝香的舒痕胶给甄嬛祛疤，害得嬛儿流产。

2. 华妃在潜邸时给端妃灌了一大碗红花，致使她永远不能怀孕。

3. “傻白甜”齐妃用夹竹桃妄想害甄嬛流产（安陵容暗示齐妃：夹竹桃是损胎伤心之物，孕妇碰不得）。

这里的麝香、红花和夹竹桃号称“滑胎三宝”，几乎所有的宫斗剧都有它们的身影，简直是各小主的“居宫必备”。

其中，麝香是“三宝”中的“头号利器”，一提起它，很多人都会把它和滑胎画上等号，它真的有这种作用吗？

麝香，又称遗香、当门子，它是雄麝的肚脐和生殖器之间腺囊

的分泌物，当这种分泌物干燥后就会结成颗粒状或者块状，还会散发特殊的香气。自古以来，麝香就被用作香料和药材。

麝香的功效如今被宫斗剧带“偏”太多，从药理上来讲，它有极强的通闭作用，可以催生下胎，也就是堕胎，但要起到这种作用，分量的多少和使用方法很重要，不是一般人能拿捏得准的。

除此之外，麝香的“正向”作用也挺多，比如可以开窍醒神，预防和治疗一些中风、中湿等疾病，像安宫牛黄丸里就有它。麝香还有舒筋活络之效，可以治疗闭经、真假肿块等，有时小剂量地使用还可以用来急救，使人复苏。

历史上，麝香也常被用作催情之药，最典型的就是北魏时期，一个叫冯妙莲的女子为了迷惑孝文帝，竟将麝香制成小颗粒藏于肚脐之中，结果皇帝每次看见她，都会被其身上的异香所迷，情难自已，最终冯妙莲也成功上位。

红花是个相对陌生的“滑胎药”，如果不是《甄嬛传》，估计很多人都不知道它的存在。中医上认为，红花可以活血通经、散瘀止痛，主要用于治疗妇女的月经不调、经期瘀血等症。在医学典籍《医宗金鉴》中曾记载了一种“桃红四物汤”，其做法就是将红花与当归、桃仁、川芎、生地黄、赤芍药一同使用，达到养血、活血、逐瘀的作用。

由于红花的活血性很强，它对于肠管和子宫都有兴奋作用，万一孕妇不慎使用，可能会出现“红花中毒”，严重的可能会导致胎儿发育不良，甚至流产。当年《甄嬛传》热播时，有孕妇为了“省钱”，就学着剧中喝红花汤流产，结果引发血崩，下体血流不止，差点没命。

我曾问过一位医术高明的中医红花的事，她说红花可以促进人工流产后不全胎物的残留以及引产之胎盘残留的排出，但不能作为打胎药物使用。

滑胎的第三宝是夹竹桃。说起它，我总想起季羡林先生写的

《夹竹桃》，在文中，季老先生说自己故乡的那个城市几乎家家都种着夹竹桃，其花味道很好闻，也好看。难道这么美的花真的会被用来“宫斗”吗？！

夹竹桃并不是桃子，在清人编著的园艺学著作《花镜》中有这样一段文字：“自岭南来，夏间开淡红花，至秋深犹有之。因其花似桃，叶似竹，故得是名，非真桃也。”

至于它有没有滑胎的功效，我查了许多资料，最后得出的结论是：它有毒，但是否能堕胎有待考证。在《中国国家地理》杂志上对于它的毒性是这样写的：“夹竹桃一直是种颇具非议的花卉，尽管花开艳丽，但无论是叶、茎、花或果实，都有剧毒，甚至最初人们栽种夹竹桃，并非为了美观，而是为了提取毒素，用于杀虫灭鼠。”

如果误食它，你可能就和吃了杀虫药一个下场了！

那么，妃子们真的会用这“滑胎三宝”来害人吗？其实在真实的清宫中，妃子们是不可能用这“三宝”来害人的，首先是因为这些药在宫中不会被轻易拿到，就算费劲弄到，如何使用它们才能有滑胎之效，这个也不是妃子们能掌握的，甚至太医们可能也拿捏不好，而且最重要的，清宫里关于药物的使用极其严格和谨慎。

比如雍正皇帝就曾对太医院用药下过“死命令”：所有用药，都得拿防毒的银瓶装，瓶上必须记上名字，还得由太监首领把关，御医、宫女、太监在场监督，最关键的，所有药剂都得备上两份，以防出事时可以验证。（《国朝宫史》：“尔等严谕御药房首领知悉：药物关系重大，嗣后凡与妃、嫔等送药，银瓶上必须牌子标记。至所用汤头，亦须开清，交与本宫首领太监，即将名字记明，庶不至于舛错。”）

乍一看，雍正好像有点“被害妄想症”，但也没办法，深宫之中，处处都有危机，尤其是药物，一个不留神，夹竹桃汁液混进去，后果真的不堪设想，所以谨慎点没错。

·贰·

一个爱吹箫的女子引发的后宫疑案

永乐六年（1408），一个女人来到了大明王朝的首都南京，作为一件“礼物”，她将被献给当时天下的主宰者朱棣。冥冥之中，月老已经悄悄为他们绑好了“红线”，一段帝王之恋即将开始，不过附带的一场后宫的虐杀疑案也将就此拉开序幕。

这个作为“礼物”的女人姓权，来自千里之外的高丽，她妆化得不浓，身上更是没有太多的金钗玉镯，可就是这副出水芙蓉的模样，让朱棣“一见钟情”。他让她抬起头，故作严肃地问道：“你还会什么呢？”权氏怯怯地回答：“我会吹玉箫。”

听到这个回答，朱棣来了兴致，立马让她吹奏一曲，权氏随即掏出身上的玉箫吹起了家乡小调。曲罢，朱棣已是如痴如醉，他顾不得君王的威严，立马将她收入帐中。一个月后，权氏被封为贤妃，宫里的玉箫声几乎夜夜响起。

史书里对于朱棣和权贤妃的爱恋并没有太多记载，但从一些举动上看，朱棣非常迷恋她。比如永乐八年（1410），朱棣远征漠北，他特意将权妃带在身边，他需要她，需要她的笑、她的柔声细语、她的玉箫。

可惜，在全军大获全胜准备班师的途中，权妃突患重病，不治身亡。想必那时的朱棣一定很痛苦、很伤心，他们相爱还不到两年，匆匆开始，又匆匆结束。至此，宫里再无那婉转清丽的玉箫声。

不过作为王者，儿女私情最不重要，朱棣虽然难过，但他还有天下。权妃已走，不可能复活，那些脂粉、诗意和伤怀只能永远藏在心底。

三年后发生的一件事又让朱棣重新记起了权妃。一天，权妃曾经的宫女和吕美人的宫女发生了口角，结果权妃的宫女破口大骂："别以为我不知道，当年我家主子就是被你家吕美人害死的！"

这话一出可不得了，立马被传到了朱棣耳中，他气愤至极，随即下令严加审问吕美人。在各种严刑拷问下，她竟然承认权妃是被她用砒霜毒死的。

也不知这是屈打成招还是确有此事，但吕美人承认了，接下来就是"追责"。

吕美人宫中宫女、太监全部被处死刑。吕美人最惨，她被烙铁活活烙了一个月才死。

这事本应该到此为止了，可若干年后，风波又起。朝鲜的《李朝实录》记载，某年，朱棣接到密报，说自己宫中的吕嫔妃和某宫女与一个太监关系亲密，身为皇帝，他也怕被"戴绿帽子"，何况还是个太监，于是，他命人提审吕嫔妃。

圣旨刚下，吕嫔妃和那名宫女不知怎的，竟双双上吊自尽。朱棣知道后，觉得两人肯定有事，所以下令审问吕嫔妃的宫女和太监。结果这一问，牵出了两个惊天大阴谋：

第一个，当年权妃之死是吕嫔妃所为，她陷害吕美人，借朱棣之手铲除异己。

第二个，吕嫔妃和宫女的上吊是畏罪自杀，她们的最终目的是杀朱棣。

当朱棣听到第二条供述时，后背一阵发凉，他没想到在自己身边，竟然杀机四伏，本着“宁可错杀一百，也不放过一个”的心态，他下了一条命令：“吕嫔妃宫中所有宫女太监全都凌迟处死！一个不留！”

在《李朝实录》里记录了当时的“凌迟惨状”：2800个宫女，千刀万剐之刑，而且每凌迟一个，朱棣还要亲自“参观”，简直是变态！

朱棣前前后后杀掉了3000多名宫女，简直是“冲冠一怒为权妃”，不过对于这场后宫虐杀，疑点相当多。

首先，这所有的事都出自朝鲜人写的《李朝实录》，其他史料却只字未提，这未免显得有点奇怪，再说当时还有波斯使团来朝，对于如此大的虐杀，他们不可能装作没看见。

其次，凌迟3000名宫女是个既费时间又耗体力的刑罚，据说大太监刘瑾当年被凌迟是剐了3天才死，按照这个速度，3000名宫女需要20年左右的时间，而这个时候距朱棣去世仅剩三年，他怎么可能挨个参观完！

最后，资料里写的是吕姓嫔妃的2800多名宫女，对于一个嫔妃而言，绝不可能有这么多人伺候。

所以，《李朝实录》的记载疑点重重，这场所谓的“虐杀疑案”只能交给历史学家们去考证了。但有一点，朱棣对于权妃的爱，不容置疑。有人说，这种爱是因为权妃像一个人，她是朱棣曾经的心动，徐皇后的妹妹——徐妙锦。

有时候帝王的爱情真是难捉摸，明明是个冷酷无情、杀戮无数的人，内心里却仍然藏着一份柔软、一份冲动。也许在潜意识中，他爱江山，但更爱美人吧。

·叁· 后宫婆媳关系难处吗？她觉得不难

家家都有难念的经，最难念的就是婆媳经，理不清，道不明，谁说谁有理。寻常百姓家的婆媳关系难处，而对于皇家，更是难上加难，处好了，其乐融融，处不好，可能连命都会丢，比如慈禧和她的两任儿媳，一个是亲儿子同治皇帝的皇后阿鲁特氏，直到现在，她的死仍然是个谜，但肯定和慈禧脱不开关系；另一个是光绪的珍妃，她的下场众所周知。

后宫里的婆媳关系复杂难搞，不过有一个女人却处理得如鱼得水，不仅能哄婆婆开心，而且连带着让自己的老公也"沾了大光"。

这个女人就是明仁宗朱高炽的媳妇，朱棣和徐皇后的好儿媳——张皇后。

张皇后家世一般，其父张麒先后做过兵马副指挥使、京卫指挥使等官，洪武二十三年（1390），她嫁给朱高炽，被封为"燕世子妃"。靖难之役后，老公朱高炽被提为太子，她又升职成为皇太子妃，再后来，老公继位，她再次晋升，成了皇后。

这一路，虽然看起来顺利，但其中的波折和艰辛只有张氏一人知道。最初进皇家门，张氏就很得公婆喜欢，《明史》里这样写道：“操妇道至谨，雅得成祖及仁孝皇后欢。”那么，张氏是怎么做到这一点呢？在我看来，至少有四点：

1. 谨守妇德，做好本分。张氏勤劳乖巧，她会自己缝衣服、做饭，最难得的，她竟然自己种菜！据史书里记载，某天，公公朱棣和婆婆徐皇后突然驾临，结果他们惊讶地发现，张氏的小院里种满了各种蔬菜，只见她正在洒扫庭院，一切布置得井井有条，当时的婆婆徐皇后就特欣慰地感叹道：“娶妻当娶这样的贤女啊！”

2. 尽心伺候公婆。张氏对于公婆真是尽心竭力地侍候，每逢内廷宴会，她都会亲自下厨准备饭食，据说她为了让公婆吃到刺少的南京刀鱼，自主研发了一套烹饪法，做出的鱼不仅无刺，而且味道超赞，这让朱棣和徐皇后赞不绝口。想想皇宫里不缺厨师，她能亲自下厨，真是难得。

3. 生下了“好圣孙”。对于“皇家大儿媳”，最能赢得公婆心的肯定是子嗣，张氏也很争气，在嫁过来七年后，她生下了朱棣的嫡长孙，即后来的宣宗朱瞻基。

张氏生子的事在史料里很神，据说某日午后，朱棣梦见老爸朱元璋把一个大圭赐给了他，并意味深长地嘱咐道：“传之子孙，永世其昌。”梦醒后，嫡长孙刚好出生，朱棣大喜过望，觉得这是朱元璋的“皇位暗示”。

4. 真心对老公。历来婆媳关系难处，原因很多，不过有一点很重要，就是婆婆可能潜意识里有一种想法，即儿媳是来和自己争“儿子宠”的。对于张氏来说，她对老公朱高炽很真心，这也感动了婆婆徐皇后，更是让公公打消了“废太子”的想法。

张氏从嫁进朱家那一刻起，就立下了“为老公而战”的决心，她心里清楚，老公虽然身为嫡长子，但因为胖、病多，一直不受公公朱棣喜欢，不过她并没有嫌弃，而是尽自己所能对老公好。

比如每天清晨，她都会亲自给丈夫熬粥，并且伺候他喝完才离开。有时，她也会在冬夜里熬一碗暖暖的鸡汤给丈夫送去。这些小事都被朱棣和徐皇后看在眼里，尤其是朱棣，他曾在多种场合公开表扬："儿媳妇张氏很贤惠，我老朱家以后的事都得依赖她了！"

虽然老公最后当上了太子，但地位一直不稳，尤其是两个弟弟朱高煦和朱高燧的多次陷害，差点让这个"胖太子"被废，作为妻子的张氏明白丈夫的处境，她极力安慰，尤其是当朱棣削减太子膳食，勒令其减肥时，张氏也在一旁默默地鼓励，帮助老公减肥。

这一切让朱高炽感动，更是让朱棣打消了废太子的想法，在《明史・后妃传》里写道："卒以后故得不废。"不废太子，有张氏的原因。

我想，当时作为婆婆的徐皇后一定也感受到了张氏的真心：这个女人，是真心实意对自己的儿子好！

张氏的一生历经洪武、建文、永乐、洪熙、宣德、正统六朝，她从世子妃、太子妃、皇后、皇太后再到尊贵无比的太皇太后，堪称传奇。她不仅会处理婆媳关系，而且对于国家关系，她也拿捏得当，在历史上，"仁宣之治"，太平盛世，都有她的功劳，《余冬序录》里更是称她为"女中尧舜"。

也许，在她心里，天下事就是"婆媳事"的放大版，处理起来，异曲同工罢了。我突然想感叹一句：可能每个能处理好婆媳关系的女人都有潜力成为女政治家！

·肆·

她是最不需要宫斗的女人，一生专宠

皇帝的后宫有多少女人？三宫六院七十二妃？佳丽三千？这些数字虽有夸张之嫌，但皇帝的妻妾一般都两个以上，比如朱元璋，除马皇后外，还有19位妃子。康熙的后宫前前后后五六十个女人，就连末代皇帝溥仪，也有一后一妃。不过在紫禁城中，有一个皇帝，他不走寻常路，东西六宫对他来说都是些“空房子”，他一辈子只爱一个女人，号称皇帝界的“一夫一妻”。

这个人就是明孝宗朱祐樘，而那个幸运的女人就是他的张皇后。

写后宫妃嫔，我很少用“爱情”这个词。对于这些女子，想和皇帝有点爱情真的太难，也太奢侈，她们宫斗争宠，更多的，只是为了能活下去，而不是为爱。

不过对于明孝宗的张皇后，皇帝的爱情真的来了，而且很甜，也很长，因为她的皇帝老公一辈子就只有她一个女人，他们过着“一夫一妻”的生活，偌大的东西六宫就如同摆设一般，除了张皇后，再无其他脂粉。

张皇后是一个从出生就自带“光环”的女子，典籍里记录了她出生时的两个“神话”。一个是说她的母亲金氏某天梦见月亮跑进了肚子中，结果醒来后就怀孕生下了她，“梦月入怀而生”（《明史·后妃传》）。

另一个是说她曾嫁给一男子，但婚后男子就生了大病，结果当她被选为太子妃后，该男子的病却突然好了（《罪惟录》）。从唯物主义的角度来看，张皇后的“出生异兆”迷信色彩太浓，目的只是渲染她当皇后的顺理成章而已。

张皇后不是月亮投胎，她的父亲张峦是一个读书人，后来凭借优异成绩被保送至国立最高学府读书，成为国子监生。在满是书香的家庭中，张皇后自幼饱读诗书，琴棋书画也是样样精通。

成化二十三年（1487）二月初六，张氏与时为皇太子的朱祐樘成婚，当时的两人如胶似漆，他的眼里只有她，而她的心里也只有他。

而后，朱祐樘登基，张氏晋升为皇后，两人一起住在乾清宫。往日的这里，威严、肃穆，伺候的太监宫女一大堆。而现在，这里只剩下寻常夫妻的恩爱和甜蜜，据说朱祐樘仅留下了少量的宫人，他内心渴望着平静，向往寻常百姓家那种夫唱妇随、一夫一妻的恬淡。

张皇后的厨艺很棒，她会在丈夫忙碌一天后，亲自熬上一碗清香的碧粳粥，有时还会再炸一碟花生米，准备几个小菜递上。

有人说，皇帝和皇后更多是“利益关系”，但对于孝宗和张皇后，夫妻之爱更多，他们无话不谈，从诗词歌赋谈到人生哲学，一起看雪、看月、看星星。

孝宗的后宫，出奇地平静，没有宫斗争宠，有的只是爱情，正如晚明学者黄景昉形容的那样：“时张后爱最笃，同上起居，如民间伉俪。”

张皇后在幸福之时迎来了人生中的一大危机：她还没有生育子嗣。这对于帝王家来说，简直是灾难，她着急、焦虑，人也日渐憔悴。

当时有很多大臣都为皇帝着急，他们上书请求能多册立几位妃嫔，这样子嗣也会充裕，可孝宗以各种理由拒绝，先是说自己要为先皇守孝，三年期满再说。后来，又以先皇的陵墓没修好，起丧的草庐还很新等理由搪塞。

不过好在老天眷顾张皇后，弘治四年（1491），他们的第一个儿子，后来的武宗朱厚照出生了。

这个孩子，不仅成功堵上了大臣们的嘴，而且在她心里，分量极重，因为这是二人的爱情结晶。

嫡长子的出生让两人都很欣喜，他们竭尽所有地去爱这个孩子，可这种爱，或许可以称作溺爱，为这个男孩成为明朝历史上一位叛逆的皇帝埋下了伏笔。

关于朱厚照的身世，《明史》《明书》《明孝宗实录》都记录了一个“疑案”，说是某天，一个叫郑旺的人称太子朱厚照并非张皇后所生，而是自己的女儿、当时为宫女的郑金莲所生（郑旺妖言案）。

大明弘治年间的铁缸，弘治即为孝宗的年号

历史的真相或许只有孝宗和张皇后自己知道，但我更宁愿相信，这个孩子，是上天的恩赐，是对无情帝王家的一种“慰藉”。在这之后，她为他又接连生了一子三女，可惜都没有活下来。

弘治十八年（1505），36岁的孝宗卒于乾清宫，可想而知，当时的张皇后是有多撕心裂肺，他走了，她还活着，阴阳相隔。

张皇后是幸运的，她真的嫁给了“爱情”，关于她，故事还在继续，那是她坎坷的后半生，但我真的不忍去续写，一个帝王家的女人，能得到爱情，太不容易，我希望大家记住的，是她的幸福。

·伍·

另类宫斗：翊坤宫里皇帝的『野蛮女友』

皇帝的女人们搞宫斗争宠，虽然花样百出，阴谋各异，但有一点似乎是大家的共识：不管背地里如何阴险狡诈，不择手段，一旦到了皇帝老公面前，肯定是千依百顺，马上化身温柔的“小绵羊”。

不过有一个女人却不爱这样，也不知是她天生脾气暴，还是故意剑走偏锋，她的宫斗很另类，就喜欢和皇帝老公“抬杠”，完全就是一个“野蛮女友”。可说来也怪，皇帝偏偏就爱这口，把她宠得不行，还为了她和大臣们“斗”了起来。

这个女人就是万历皇帝的郑贵妃。

郑贵妃住在翊坤宫，记得在电视剧《甄嬛传》中，华妃的贴身宫女颂芝曾这样形容过这座宫殿：“皇后住景仁宫，娘娘住翊坤宫。这后宫里唯有咱们翊坤宫和皇上皇后大婚时的坤宁宫一样带坤字，这也足见娘娘在皇上心目中的分量啊。”万历让郑贵妃住这儿，想必也是在表白自己深深的爱意。

历史上的万历皇帝很爱美色，他曾在民间大选妃嫔，有一次竟

翊坤宫

然“一日娶九嫔”！九嫔中，有一个姓郑的女子，万历初见她便已意乱情迷，他册封她为淑嫔，五个月后，晋为德妃，两年后，又晋为贵妃，又两年，郑贵妃诞下皇子，万历大喜，贵妃被晋为皇贵妃，地位仅次于皇后，成为众妃嫔之首。四年，仅仅用了四年，她完美诠释了明朝版的“杜拉拉升职记”。

郑贵妃的受宠不仅因为美色，尽管她也是风华绝代，美艳动人，但凭美色得宠，终究不会长久，宫里历来不缺美人。

郑贵妃能抓住色鬼老公的心，手段还是有一些的。

据说，郑贵妃和万历有很多共同的兴趣，比如读书。当年郑氏进宫，首辅张居正已经去世，没有了束缚的万历，可以“肆无忌惮”地释放自己的爱好，他做的第一件事就是疯狂读书。据记载，当时万历让宦官在北京城内收买新出版的各种书籍，有诗歌、论议、医药、剧本、小说等，他如饥似渴地阅读，有时读着读着就很想找个人聊聊，哪怕只是听他说点“读后感”也行。

淑嫔郑氏看穿了这一点，她主动走到万历身边，和他聊诗词歌赋，聊小说，当然，也聊那些莺莺燕燕的男女之爱。

郑氏是极其聪明的女人，和后宫那些千依百顺的女人比起来，她敢于“挑逗和嘲笑”皇帝，比如在万历优柔寡断做决策时，她会故意嘟起嘴，讽刺道：“陛下，您真是一位老太太！”

这种大逆不道，别的女人不敢做，而她敢，因为她知道，只有这样的“毫无顾忌”，才会让老公觉得和自己亲密。

在郑氏这里，他感受到了一种自由，他们可以疯狂地互相追逐打闹，可以肆意地笑骂，在名分上，郑贵妃只是他的妾，而在心里，他早已把她当成了“soulmate”（灵魂伴侣）。

对于妃嫔，光有皇帝的宠爱还不够，她还得再争一样——自己的儿子成为太子！对于郑贵妃，这件事看起来易如反掌，她自己也是这么认为。在当时，万历宠爱她，爱屋及乌，他们的爱情结晶皇三子朱常洵也是万历心中的太子人选。

可惜，一切就败在了数字“三”上，因为万历有自己的皇长子，那是他好色犯的错误：那年，他去给母亲请安时，色心一起，临幸了宫中的王姓宫女，一击即中，这位宫女怀了孕，并顺利诞下麟儿，即后来的光宗朱常洛。

大明家法：“有嫡立嫡，无嫡立长”，皇后无子，王宫女所生之子即为太子，可万历就是不想立，因为在他的心里，早已属意郑氏之子，而且他对她还有承诺和誓言：“将来一定传位给咱们的儿子。”

郑氏原以为胜券在握，她有最大的筹码——皇帝，可她不知道，有一个东西，比皇帝还大，那就是大明的纲常伦理。

终究，在巨大的舆论和道德压力下，万历同意立皇长子朱常洛为太子，闹了15年之久的“国本之争”结束，郑贵妃到底还是输了。

身为皇帝，连给心爱之人的承诺都没法实现，万历肯定会心痛，但又有什么办法呢？这就是皇帝的“身不由己”。

万历死于郑贵妃之前，在生命的最后一刻，他遗命封郑氏为皇后，希望将来两人能合葬。但事与愿违，当人们打开万历的定陵后发现，郑贵妃并没有在他旁边，与他合葬的恰恰是让他“嫌弃”的王宫女和最早的孝端显皇后。

郑贵妃被后世骂为祸国殃民的妖孽，晚明三大疑案“梃击案”“红丸案”和“移宫案”都与她相关。在万历死后，她孤独地居住在紫禁城的一座宫殿中，渐渐被人遗忘。崇祯三年（1630），郑贵妃去世。

·陆·

明代的『香妃』凭什么取得皇帝专宠

清宫剧中，凡写到乾隆，必会出现他的宠妃香妃，这个女人来自新疆，生得美艳妖娆，不过最神奇的，是她体带异香，这香味据说能招蜂引蝶，《还珠格格》里就有香妃引蝶的场景，简直美翻了。

正史中是否存在香妃，现今仍是个谜，不过历史上可不仅清朝有香妃，明朝也有，而且这大明香妃身上还有很多传奇。

大明香妃是谁呢？她就是明朝最后一位皇帝崇祯的田贵妃，史料里说她“虽酷暑热食，或行烈日中，肌无纤汗，枕席间皆有香气”，夏天那么热，她竟然能做到不出汗，而且自带体香。

田贵妃原籍陕西，后来搬家到了扬州，她长得很美，《明史》中说她“生而纤妍，性寡言，多才艺”，虽只三言两语，但已足见她的色艺双绝，婀娜多姿。

只是靠美和体香，吸引不了皇帝太久，除这两样，田贵妃还有其他的“特长”。

据说崇祯喜欢“三寸金莲”，他特喜欢把玩女人的小脚，越小越好，恰巧田贵妃是宫中脚最小的女人，所以崇祯每每看见她的小脚，都恨不得扑上去。

田贵妃琴棋书画样样精通，在书法上，她善于临摹王羲之，每有进入宫中的书画，崇祯都会和田贵妃一起讨论鉴赏。画画方面，她更是天才，据说她画的《群芳图》技艺超群，时人都争相出高价购买。她的琴艺也了得，据说崇祯失眠时，只要让田贵妃抚琴一曲，立马安眠入睡。不仅会玩“文”的，田贵妃“武”的也行，虽然她脚小，三寸金莲，但据说能够单足立于马镫，策马扬鞭，百步穿杨。

田贵妃长在江南，有水一样的妩媚和温柔，她心灵手巧，自己在宫中会种些花草，做些女红，据说老公崇祯的衣服缝补都是她亲力亲为，完全就是一个贤良淑德的“模范妻子”。

当时的大明，正是风雨飘摇之际，战乱，饥荒，经济崩溃，崇祯焦头烂额，每当郁闷时，他就会到田贵妃宫里坐坐，看看她，听她抚琴，和她倾诉，而田贵妃也会尽力安慰老公，给他打气。

不过温柔归温柔，有时田贵妃也会不顾一切，直言相谏。比如崇祯有段时间特别沉迷苏州女乐，搞得很多政事都不管，田贵妃知道后，立马上书直谏：“现在那么多事等着皇上处理，实在不是该享乐的时候啊！”（当今中外多事，非皇上燕乐之秋。）

崇祯看到宠妃这样，心里估计也有点后悔，于是回复：“田贵妃，好久不见，学问大有长进啊！”一句玩笑似的话，足见两人的深情，不是最爱之人，哪里会有这样的语气。自此之后，崇祯收了心，再不沉迷女乐。

一个真正爱你的人才会不顾一切地想着你好，哪怕是违逆。

崇祯皇帝的后宫，女人不多，主要是“一后二妃”：周皇后和田贵妃、袁贵妃。三人中，田贵妃最得宠，史书里说她“能书，有机智，上颇昵之，即袁贵妃不及也，以是后多不得见上”（《罪惟录》)，就是说，田贵妃得宠最多，袁贵妃和皇后要想见皇帝一面都难。

有书上说田贵妃恃宠而骄，搞得皇后也对她很不满。某年的正月初一，按惯例，妃子们都得来给周皇后拜年，田贵妃来得最早，可刚到坤宁宫门口，周皇后就是不召她进去，倒是晚来的袁贵妃，刚到就被周皇后召入殿中，可怜的田贵妃一直在冬雪里等着，心里恨得咬牙切齿。

回宫后，田贵妃气愤难当，正好趁崇祯帝过来，哭诉了这事儿。崇祯一听，火冒三丈，他生气地冲到交泰殿去质问皇后，一个不小心，失手将她推倒在地，而周皇后也是个倔脾气，被老公这么一推，她开始绝食，崇祯一看，心有懊悔，随即派人送了貂皮衣服给皇后，并且罚田贵妃搬到启祥宫（今太极殿）静思己过，这事儿才算完。

太极殿内的龙影壁

田贵妃被罚禁足，崇祯也没召幸过她。三个月后，或许周皇后也觉得自己有点过，便以赏花为由，主动让崇祯把田贵妃放出宫：“贵妃妹妹好久不见，带她一起赏花吧。”

崇祯早已想念田贵妃，一看有台阶下，立马同意，小别胜新婚，看着三月未见的田贵妃，崇祯高兴得不行，两人前嫌尽释。

虽然集万千宠爱于一身，但田贵妃的结局颇为凄惨，她生育皇子四人，但仅有一子存活，即皇四子朱慈炤。四子中，皇五子死得最蹊跷，史书里说他是被吓死的，死前还大喊：“九莲菩萨让我告诉皇上，你对外戚薄情，就让你的儿子全死掉！”不过有人猜测这是周皇后联合父亲周奎干的，他们买通皇五子身边太监，天天装鬼吓他。

不管真相如何，田贵妃接连受丧子之痛，整个人万念俱灰，最后病死在承乾宫，年仅 30 岁。

承乾宫，原名永宁宫，本意是希望“后宫永远安宁”，崇祯为了田贵妃，将其改名“承乾”，赐其居住，寓意她承顺皇帝，沐浴恩宠，简直爱意满满，可惜，好好一座宠妃宫却以悲剧结束，而它的“悲”远没有就此停止，故事仍在继续。

·柒·

她把花心皇帝变成了专宠自己的痴情人

作为紫禁城里头号的“宠妃宫”，承乾宫里生活过很多被皇帝偏爱的妃子，比如崇祯的田贵妃、康熙的孝懿仁皇后、道光的孝全成皇后等。在这些宠妃中，有一个女子最为亮眼，她本事很大，竟然将原本花心、多情的皇帝老公变成了专宠自己的痴情汉，简直是“前无古人，后无来者”。

她的名字，大多数人都听过——董鄂妃。

董鄂妃是一个传奇，她的人生就一个字——“快”！据说顺治第一眼看到她就已爱得无法自拔，同年即娶进宫，快！进宫快，“升职”更快。据史料记载，她刚入宫就深得顺治母亲孝庄的喜欢，当月即被封为贤妃，其实哪里是孝庄喜欢，都是顺治的意思罢了。

进宫即封妃，直接跳过妃以前的所有位分，这在有清一朝相当罕见。不过顺治觉得还不够，他要表达心中火热的爱，于是在封妃的谕旨刚发出 36 天，他又以皇太后的名义，晋封董鄂氏为皇贵妃，直接把“贵妃”这一级跳过。

自此，董鄂氏成为清朝第一位皇贵妃，尊荣无比。入宫不到一年，从妃直接升为皇贵妃，晋升速度堪比坐火箭，董鄂氏实在是清宫版的“火箭少女”。

得宠快，晋升快，怀孩子也快，入宫一年后，董鄂氏和顺治有了爱情结晶，更幸运的是，这个“结晶”还是个皇子。当时的顺治，高兴得不得了，他大喊：“这是朕的第一子！”“第一子”的称呼分量实在太重，因为这时他已经有三个儿子，按理说这孩子应该是“皇四子”，可顺治却称他第一子，足以证明他对董鄂氏之爱，也许在他心里，只有董鄂氏才是他的“正妻”。

董鄂氏前半段的“快”人生是幸福的，可后半段，这个“快”就有点可悲了。孩子来得快，走得也快，生下来只活了 104 天就夭折。可怜的她被丧子之痛彻底击垮，即使顺治的爱依然如初，她也没能再站起来，最后病死承乾宫，年仅 22 岁。从入宫到离世，仅仅 4 年，所有的爱、幸福、快乐、悲伤、痛苦，来得快，走得也快。

顺治不是天生的痴情种，在董鄂氏之前，他有很多妃子，也许是被多尔衮和母亲孝庄束缚得太多、太久，作为少年天子，他最简单也最快捷的释放就是后宫。用传教士汤若望的话说：“他（指顺治）是性欲本来就很强烈的皇帝。”

记得莎士比亚的名剧《皆大欢喜》里有这样一句话：“深爱的恋人，有谁不是一见就钟情呢？”顺治和董鄂氏即是如此，在顺治十三年（1656）的一天，二人初见，一见钟情。

关于董鄂氏的样貌，顺治帝曾用“婉静”来形容，“婉”，即妩媚，她在他心里是个妩媚且安静的人。但以色获宠，必不会长久，董鄂氏能抓住顺治的心，靠的不仅仅是长相和性格好，她还有很多让顺治深爱的特质。

承乾宫梨花

首先，她是一个善良的人。董鄂氏心地很好，她不搞宫斗，也无心机，平时见到宫女太监有困难都会帮忙；她平易近人，宫人们都对她印象极佳，尤其是当顺治想要废后，晋升她为皇后时，董鄂氏极力拒绝，以死相逼："如果陛下要废掉皇后，那我也不想活了！"我想，这是她的真心，她知道后宫的女人都很难，而皇后更难，女人何苦为难女人呢？临终时，她还特意嘱咐顺治："我死后，诸王大臣送来的金银物品，请施舍给贫苦百姓。"

其次，她是一个体贴的人。董鄂氏很贤惠，顺治的衣食都由她亲自安排，寒冬，她会烹上一壶暖暖的梅花酒递上；盛夏，她会亲自调一碗雪梨羹。细致，体贴入微。

最后，她是一个老为别人着想的人。当年爱子早夭，本就痛苦的她还强装没事安慰别人，她对顺治帝说："当年我生这孩子，就担心他活不长会给陛下带来痛苦，请陛下不要因为我生的孩子当不了皇上而恨恨不平。”同时，为了让皇太后放心，本已油尽灯枯的她，却总是强装笑颜：“我的病今天好多了。”当顺治让她告诉太后实情时，她也总是说道：“太后知道我病得这样重，一定会着急，请陛下千万要在我死后再告诉她。”

董鄂氏的善良、温柔、体贴、大度，深深吸引着顺治，可惜，这样的爱实在太短，只有四年。

董鄂氏的离世给顺治极大的打击，他万念俱灰，执意要高僧茆溪森为他剃度出家，谁劝都不行，后来玉林琇（茆溪森师父）以烧死茆溪森为要挟，才使得顺治还俗。

顺治对于董鄂氏的爱，始终没有停止，就算人死了，爱也得继续！清朝规定，凡帝后大丧期间，皇帝批奏章要用蓝笔，一般为 27 天，可顺治的这支“蓝笔”一用就是 4 个多月。

他还让诸王大臣、命妇每天齐集景运门内外哭临，谁哭得不好就要重罚，最后是皇太后出面这事才结束。

同时，董鄂氏的梓宫是由满族八旗二品、三品的大臣们来抬，里面装满金银财宝，这在整个清王朝也是第一例。最初，顺治还想用 30 名太监、宫女为她殉葬，后来因高僧茆溪森的劝阻才撤销。

顺治一直没能从悲痛中走出来，在董鄂氏死后 138 天，他也走了，我想，自董鄂氏死的那天，他也抱定了必死之心，他想去找她，永远在一起。

如今的承乾宫，游人如织，尤其在春天，满院梨花盛开，美得让人醉。梨花香，泪满裳，愁肠百转费思量。承乾宫的梨花，是爱情之花，见证千古绝恋，同时，它也是分离之花，再深的爱，再美的恋，终究也有离开的那一天。

·捌·

康熙的『御妻之道』：和50多个女人应该怎么相处

康熙号称“千古一帝”，他不仅治国有一套，而且在后宫的治家方面也是手段“独特”。据史料记载，他一生有50多位后妃，光皇后就立过三个，俗话说“三个女人一台戏”，50多个女人，怎么算也得10多台戏，天天唱个“鸡飞狗跳”也不为过。可神奇的是，正史中几乎没有她们宫斗的记载，算是相处融洽，我想，作为老公的康熙绝对功不可没。

相信大家都看过《康熙微服私访记》，剧中的康熙经常带着宜妃到处玩，他们有时化装成老爷夫人下江南，有时又扮成江湖侠客出塞北，一路上体察民情，行侠仗义，游山玩水，好不自在！虽然电视剧有些情节是虚构的，但历史上的康熙确实挺爱带妃嫔们出游。

据史书记载，康熙一生曾六次南巡，每次都会带上几个妃嫔，比如康熙四十六年（1707）第六次南巡，他带上了自己宠爱的德妃。不幸的是，途中德妃哮喘发作，康熙除了悉心照料外，还在回京之时给德妃准备了“惊喜”：让她的两个儿子四阿哥和十四阿哥在码头迎接。

可以想象，当德妃刚下船，迎面跑过来两个大宝贝，心情肯定特舒畅，估计病也好了大半。如此细心的老公，换作一般女子，肯定也感动得不行！

出巡不可能带上所有妃嫔，对于那些留在宫中的，康熙也没有放下，每当在外遇到什么好吃的、好玩的，他都会命人包装成“礼物”送回宫中，比如出巡新疆，他会命人装些吐鲁番的葡萄、哈密瓜运回宫中送给妃子们，而且康熙脸皮薄，他怕这些土特产被嫌弃，特意命人传了字条：“这是我的一点心意，你们别因为礼物不贵重就嫌弃！”

康熙不仅带着心爱的女人们看遍祖国大好河山，而且还带着她们看打仗，比如征讨噶尔丹时，他就带了一位常在和两位答应在身边，一来有温柔的女子在侧，可以缓解战争的紧张情绪；二来也可以让这些女人亲自感受战场的厮杀，让她们更加珍惜自己的生命，不要一遇到难事就“一哭二闹三上吊”；三来也可以让她们更加珍惜宫中安稳的生活，意识到自己的幸福，不要整天想着宫斗争宠。

不得不说，康熙这套“刚柔并济”的出游策略确实很独特，这对稳定后宫起到了重要作用。

康熙很会为妃子们“筹谋”，他曾许过一个“承诺”：等他百年之后，有儿子的妃嫔可以不居住在宫中，跟随儿子进府。

康熙真的很贴心，对于这些“一入宫门深似海”的女人来说，除非皇帝特许，否则一辈子也出不了宫，尤其年老后，更是青灯古佛，孤苦伶仃地走完余生。

有了这个“承诺”，妃嫔们对于生子，也许就不仅仅是为了固宠或者争皇位，她们还有一个期待：年老后，儿子儿媳侍候在侧，儿孙满堂。

为了这个“期待”，她们会更注意自己的身体，毕竟只有活得长，才有机会跟儿子出宫，像那些伤身费神的宫斗就不碰了，万一在老公之前走了，有儿子也白费。

也许是“期待”起了作用，康熙的后妃们，寿命都很长，比如定妃万琉哈氏，她活了 97 岁，号称“清宫最长寿的妃子”，当年康熙去世后，她就一直跟着儿子生活，想必宫外的轻松自在、儿孙满堂让她也心情舒畅，身子自然也好。

康熙还喜欢搞点小浪漫，他会给后宫的女人们写情书；比如在《清宫述闻》里就记载；有一次他出巡，估计是在外时间久了，他开始惦记起宫中的爱妃们，于是他搞起了“飞鸽传情书”：

“给钟粹宫书一封，若有回书即带来；给永和宫书一封，若有回书即带来；给翊坤宫书一封，若有回书即带来。”

言辞间，仿佛能感受到康熙那种热切期待回信的“小着急”，他肯定每天都眨巴着大眼睛，抓住个人就问：“来信了吗？有我的信吗？”

和儿子们的尔虞我诈、“九子夺嫡”比起来，康熙的后宫算是清朝比较和谐的，除了三位中宫皇后短寿外，大多数妃嫔的寿命都很长，除了上面说到的老寿星万琉哈氏活了 97 岁，其余的像抚养过弘历（乾隆帝）的敦怡皇贵妃和悫惠皇贵妃，一个活了 86 岁，一个活了 76 岁。

俗话说“一个成功的男人背后总有一个伟大的女人”，康熙的伟业和后宫妃嫔们的安宁密不可分，不过，我觉得这句话也可以反过来理解，“凡一个快乐的女人，背后总有一个成功的男人”，丈夫的作用也是非常重要啊！

·玖· 雍正帝的后宫真的是《甄嬛传》吗

电视剧《甄嬛传》的走红，让大家看到了雍正帝的后宫，剧中的雍正被各种女人算计，而且还是个“绿帽王”，先后被果郡王和温太医给“绿”。唉！可怜他身为九五之尊，竟被甄嬛等妇人玩弄于股掌之间，可悲！可叹！

有很多人看了这部剧，一去故宫就开始把各种宫和剧情相联系：

“哇！原来翊坤宫长这样，华妃住得也不怎么好嘛！”

“景仁宫好破，乌拉那拉皇后住的地方真不好！”

“甄嬛的碎玉轩在哪里啊？”

简直是把电视剧当成了正史来看！

其实《甄嬛传》就是一部艺术创作，真实的雍正后宫风平浪静，几乎没有那些烧脑的宫斗戏码。接下来，我们就以剧中的三大主角，甄嬛、华妃和那拉皇后为线索，揭开雍正后宫的真实面貌。

《甄嬛传》最大的“反派人物”并不是华妃，而是喊着“臣妾做不到”的皇后乌拉那拉氏，剧中的她阴险狡诈，善于“借刀杀人”，比如借安陵容之手，害甄嬛小产；借齐妃之手让宁贵人不孕。表面上，她温柔贤淑，背地里简直是个“毒妇”。

她的形象也连累了景仁宫，很多游客到这儿来，总是会骂上两句：“那个乌拉那拉氏就住这儿，坏女人宫殿！”其实在正史中，雍正的中宫皇后，嫡福晋乌拉那拉氏可不是工于心计之人，相反，她大度、善良、温柔，心肠也不坏。

那拉皇后是内大臣费扬古之女，出身高贵，自幼饱读诗书，生得也是温婉大方，当年康熙挑儿媳时，一眼就相中了她，指为皇四子胤禛的嫡福晋。

和《甄嬛传》里“两面三刀”的形象不同，正史里的那拉皇后是个几近完美的女人。首先，她不玩宫斗，身为六宫之主，她时常提醒宫里的姐妹们要团结，别为了争宠耍心机、玩手段。

其次，她很孝顺，身为儿媳，她侍奉公公康熙和婆婆德妃总是来得最早，走得最晚。

景仁宫

同时，她也不喜金银玉器、美食华服，生活上很简朴，她曾令膳房每次做饭菜都不要太多，万一有剩的，别直接倒掉，可以分给宫人们吃。

康熙三十六年（1697），身为嫡福晋的那拉氏生下了胤禛的第一个孩子，并取名“弘晖”，晖，带有希望之意，这不仅是他们爱情的结晶，还是他们的希望。可惜，这个“希望”仅仅活到八岁就去世了，可想而知，当时的那拉氏几近崩溃，她哭得昏天黑地，自此身体也变得不太好。

关于那拉氏的结局，《甄嬛传》里说她禁足景仁宫，其实在正史中，她于雍正九年（1731）因病去世。当时的雍正为其举行了隆重的国丧，最后给她定谥号“孝敬”，“敬”有恭敬、尊敬之意，这也算是雍正对她一生的评价。

《甄嬛传》里的第二反派是翻着白眼、喊着“贱人就是矫情”的华妃，剧中的她飞扬跋扈，恃宠而骄，连皇后都不放在眼里，不过在正史中，华妃的形象可不这样，她有点像清宫版的“林黛玉”。

华妃的原型是敦肃皇贵妃年氏，汉军镶黄旗，她的父亲是湖广巡抚年遐龄，两个哥哥分别是广东巡抚年希尧和川陕总督年羹尧，这么看，年氏确实出身豪门大户，家世显赫。

康熙年间，她成为皇四子胤禛的侧福晋，地位仅次于嫡福晋那拉氏。初入王府，她就很得宠，并且子女众多，康熙五十四年（1715）生皇四女，五十九年（1720）生皇七子，六十年（1721）生皇八子，雍正元年（1723）生皇九子。

三子一女，可见雍正对她的宠爱，不过这四个孩子都没能养大，全都夭折，也是个可怜的母亲。

年氏在雍正登基后即被册封为贵妃，是宫中的二把手，可她并没有和皇后对着干，相反，她柔柔弱弱，说话也是轻声细语，好像是清宫版“林黛玉”。

年氏的哥哥年羹尧因为有功，被皇帝信任，所以恃宠而骄，常做些僭越违制的事儿，而年氏也因此常常担惊受怕，宫中生活如履薄冰，每每有家书递进宫里，她总是先呈给雍正。有一次，她见哥哥家人们的穿戴如同国家命官一般，谨慎的她将此事告诉了雍正，并表示了对哥哥僭越行为的不满，雍正帝听后很感动，对年氏也更加宠幸。

雍正三年（1725），年贵妃病重，雍正担心得不行，他亲下谕旨，加封其为“皇贵妃”，希望能“冲喜”，结果刚过七天，年氏就去世了，连册封礼都没来得及举行。

《甄嬛传》中的主角甄嬛，历史上的原型是乾隆的母后孝圣宪皇后，关于这个女人，谜很多，比如她的身世、她是不是乾隆的生母等等。《清史稿》中这样记载：“孝圣宪皇后，钮祜禄氏，四品典仪凌柱女。”她 13 岁时被赐给皇四子胤禛为格格（侍妾），后来生

“甄嬛”曾住过的永寿宫

下弘历，雍正登基后，她被升为熹妃，再晋贵妃，儿子乾隆即位后，被尊为崇庆皇太后。

她长相一般，据说是方盘大脸，女人男相，康熙曾称她为“有福之人”，不知道这个“福”是因为她生了弘历，还是因为她长得很有“福相”。

“甄嬛”的一生确实很有“福”，自从儿子登基为帝后，她享尽人间荣华，乾隆带着她下江南、巡五台、登泰山，游山玩水，晚年生活过得有滋有味，最后于乾隆四十二年（1777）卒于圆明园长春仙馆，享年 86 岁。

雍正帝的后宫和《甄嬛传》描绘的完全不同，剧中的三大宫斗主角也与历史相差甚远，所以我们在看清宫剧时，切勿将其当作正史，剧始终是剧，是一种“艺术加工和创作”，看个高兴就好。

·拾· 乾隆后宫里的『逆袭王者』

乾隆，一个影视圈的顶级流量，《还珠格格》《延禧攻略》《如懿传》等爆火“神剧”全是以他为重要角色的。他的后宫，每个人都可以聊上几句，什么富察皇后、乌拉那拉皇后、令妃，等等。清朝所有的皇帝中，乾隆似乎是最没隐私的，家里女人们那点事全都暴露在荧幕中了。

乾隆一生共有40多位后妃，关于她们的宫斗，野史记载很多，但正史中几乎没有，毕竟这也不是什么光彩事儿，而且皇权至上的宫廷中，妃嫔们的事儿显得微不足道，所以关于她们的记载也相对少。

不过，在乾隆的后宫中，却有这么一位“逆袭王者”，她出身平凡，进宫后凭借自己的努力爬到了皇贵妃的位置，而且死后还享受了与乾隆同葬的尊荣，这个女人很了不起，她就是各大清宫剧里最常出现的——令妃！

由于清宫剧的热播，延禧宫成了“大热门”，以往这里冷冷清清，可现在，只要去故宫的人，都会去找延禧宫，你问他为啥去，他十有八九回答："找令妃呗！"

关于延禧宫有没有住过令妃，还有待研究，因为清代正史中较少专门提及妃子们的住所，而且一个妃子可能会住过很多宫殿，不过从延禧宫的位置来看，令妃还真有可能在这里住过。

延禧宫位于故宫的东北角，旁边就是宫人们出入东六宫的苍震门，算是位置比较偏的宫殿，经常住一些不受宠、位分低或者出身低的妃嫔。

令妃（为了叙述方便，以下都统称其为令妃）的出身比较低，她本姓魏，后来儿子嘉庆皇帝登基后修改玉牒，令妃改姓氏为魏佳氏，她的父亲是正黄旗包衣管领下人，因此，令妃最初应该是以"内务府选秀"的方式进宫，这种选秀一般一年一次，主要是在上三

春天的延禧宫

旗包衣里来选，选出来的人大多“供内廷各宫主位役使”，也就是我们常说的选宫女。

关于令妃进宫以后的记载，基本上就是她的晋级之路：乾隆十年（1745）由魏贵人晋升令嫔；4 年后，晋升为令妃；10 年后又晋升为令贵妃；等到了乾隆三十年（1765），她又被封皇贵妃。

在封她为皇贵妃这一年，后宫出了大事。那拉皇后在南巡途中因断发被幽禁，要知道，清制规定，只有长辈和丈夫死去，后妃才剪发服丧，皇后自行剪发，这不是诅咒皇帝和太后吗？！

关于那拉皇后断发，说法很多，有一种解释认为和令妃有关，据说当时乾隆想封令贵妃为皇贵妃，结果惹得皇后不满，两人还发生了口角，后来就有了断发之事。无论原因如何，令妃在当年断发之事后即被晋为皇贵妃，似乎是过于蹊跷的巧合。

令妃的生育能力也很好，她在乾隆二十一（1756）至三十一年（1766）这 10 年，接连生下了四子二女，其中的皇十五子颙琰更是成了日后的嘉庆皇帝。试想如果不受宠，怎会接连有孕生子？所以足见乾隆对她的宠爱。

至于令妃为什么会受宠，或者她有没有使手段、搞宫斗，正史里没有记载，不过有一点似乎成就了她的“逆袭”——和富察皇后的关系。

在电视剧《延禧攻略》中，“白月光”富察皇后始终是乾隆的最爱，而在正史中也的确这样，两人生前浓情蜜意，恩爱有加，在富察氏去世后，乾隆悲痛欲绝，时时到妻子生前住过的长春宫回忆过往。

都说乾隆爱附庸风雅，是个“作诗狂人”，他一生作诗 41863 首，比《全唐诗》还多 1000 多首，这些诗大部分的水平都很一般，但有 100 多首悼念富察皇后的倒是质量上乘，情深意切。

关于令妃和富察皇后的关系，乾隆晚年写过这样一句话：

“令懿皇贵妃为皇后所教养者，今并附地宫。”

“教养”二字道出了玄机，有专家推断，当年令妃在被册封为贵人前，很有可能是跟随富察皇后学习规矩，因为清宫中有个不成文的规定：品级较低的女子有时会首先跟随皇后或位分较高的妃嫔们学习规矩，然后再进行册封。

所以令妃的得宠很有可能是乾隆在她身上看到了富察的影子。

令妃的晋升之路非常顺利，虽然生前只当到了皇贵妃，但死后却被追封为皇后，乾隆还亲自给她拟定谥号“孝仪”，除此之外，令妃还享受到了和乾隆同葬裕陵的尊荣。

包衣出身，最终成为大清皇后，令妃简直是“逆袭王者”，不过关于她的故事，还没有结束。民国时期，东陵大盗孙殿英向乾隆的裕陵下手，他强行炸开地宫并盗取珍宝无数，当时的清代遗老遗少气得牙痒痒，溥仪更是扬言要杀了孙殿英以慰祖先之灵。气归气，陵已破，当务之急是清理地宫，收敛先皇的遗体。可就在清理过程中，他们碰到了一件“奇事”，有一具女尸竟然没有腐烂。当时是这样记载的：“皮骨俱存，丝毫未腐烂，脸上笑容可掬，耳环尚在！”经过推断，这具女尸很有可能就是孝仪纯皇后（令妃）。

当时距令妃去世已是百年，其尸身不腐的原因至今仍是个谜。有专家推测，可能是她死前未进食，肠胃里没有东西，再加上棺材密封性很好，没有空气进入，不会造成氧化，最后是棺材中陪葬大量玉器，可能也在一定程度上起到了防腐的作用。

令妃是个传奇女子，她的身上有太多需要解开的“谜”，正因为“谜”多，所以给了编剧们想象的空间，有把她写成“正能量元气少女”的《延禧攻略》，还有把她编排成心机恶毒 girl 的《如懿传》。不过抛开这些野史杂谈，我还是挺佩服令妃的，从包衣出身到皇后，这其中的辛酸和努力非常人所能想象。

·拾壹·

慈禧宫斗：慈禧真的把丽妃做成『人彘』了吗

都说慈禧宫斗厉害，手段残忍，比如在电影《火烧圆明园》和《垂帘听政》中，慈禧为了报复仇人丽妃，竟将她的手脚砍断，头发剪光，双眼剜出，最后塞进坛子里，做成“人彘”，蹂躏至死，完全就是清宫版的“吕后残害戚夫人”。

当时看这个情节，简直童年阴影，曾一度让我觉得慈禧真的很坏，都当上太后了，为什么还要那么残忍，大度一些不好吗？

不过，电影始终是艺术加工，随着对慈禧了解的增多，我也不禁对她的宫斗手段产生了怀疑：

“难道她真的如此心狠手辣？丽妃真的被她做成了‘人彘’？”

咸丰的后宫，丽妃确实存在，史料里是这么记载的：

丽妃，满族，父亲是一名正六品官员，出身一般，她比咸丰小16岁，比慈禧还小两岁，和当时的皇后一般大。在咸丰大选秀女时，她与慈禧共同被选中，初封“丽贵人”，一个“丽”字透露出她的美貌。

入宫以后，丽贵人因为长得美、会处世，所以深受咸丰帝的宠爱。咸丰四年（1854），一件大喜事发生在丽贵人身上——她怀孕了。

当时的咸丰非常高兴，因为自登基以来，尽管他的后宫不缺女人，但无一怀孕生子，加之当时的国家内忧外患，太平天国农民起义也闹得凶，搞得咸丰焦头烂额，无数个寂寞的夜晚，他或许也在怀疑自己："我真的那么窝囊吗？国家管不好，连孩子也生不出来！"

丽贵人怀孕，让咸丰打消了对自己的"怀疑"，至少生育方面是没问题的。同年十二月，丽贵人被晋为丽嫔，这次晋升应该和她怀孕有关。

咸丰五年（1855）五月初七，丽嫔生下了一位公主，虽然不是皇子，但咸丰也异常高兴，这是他第一次当父亲，也是他向世人的"宣言书"："我是真男人！我没问题！"

丽嫔产女后，即被晋升为丽妃，而且更受咸丰宠爱。而此时的慈禧，眼看同进宫的姐妹如此顺风顺水，心里是又羡慕、又嫉妒、又着急，她也想怀孕。

也许是丽妃的好福气传给了慈禧，没过多久，她也怀孕了，并于咸丰六年（1856）生下皇子载淳（同治皇帝），母以子贵，懿嫔晋封懿妃，第二年又被晋封为懿贵妃。

此时的慈禧意气风发，除了皇后，她谁也不怕，包括得宠的丽妃。据史书记载，慈禧生子后，虽然位居贵妃，但丽妃依然获宠最多。有时，慈禧也会嫉妒，她会拿出贵妃的架子训诫丽妃："你不应该老缠着皇上，要多劝皇上以国事为重。"

虽然慈禧和丽妃偶有一些磕磕碰碰，但并不像民间野史里说的那样水火不容，关于二人的斗争，正史里几乎没什么记载。

丽妃自晋封为妃，一直到咸丰驾崩，都没有再晋升。到了同治皇帝时，她被晋封为皇贵太妃，安享晚年。光绪十六年（1890），丽妃因病去世，享年54岁，当时光绪帝为她辍朝五日，还亲自到她的金棺前奠酒行礼。

丽妃的葬礼很隆重，尤其是她的葬位，选在了咸丰妃园寝的最尊贵之处，其中，肯定有慈禧的授意和关照。因此，电影里慈禧将其做成“人彘”的桥段完全是子虚乌有，胡编乱造。

最后说一说丽妃的女儿，咸丰的长女。她长得聪明可爱，样貌俊秀，自幼就受到两宫皇太后和众妃嫔的喜爱。同治五年（1866），12岁的她被指给了一等雄勇公瓜尔佳氏瑞煜为妻，并封为荣安固伦公主。按照清制，妃嫔们所生的女儿只能封为和硕公主，只有皇后所生才能封为固伦公主，所以丽妃女儿封固伦，实属破例，足见两宫太后对她的宠爱。

·拾贰· 珍妃真的是被「斗」到井里去了吗

说起故宫里的水井，有一口名气最大，无人不知，无人不晓。关于它，民间的野史秘闻相当多，有说它发生过“诡异”事件的；有说在此不能照相，否则会怎么怎么样的；还有说井底留着一个女人的“芳魂”的。

这口井就是大名鼎鼎的珍妃井，现位于珍宝馆的贞顺门内，珍妃井因珍妃而出名，当年她被慈禧投入井中，香消玉殒。很多人都骂慈禧恶毒，确实，不管发生什么，取人性命总是有些过分，何况还是自己的“儿媳”。

这里，我们不禁会有疑问，为什么慈禧会那么狠心，她和珍妃到底有什么深仇大恨？

珍妃的进宫，有些“神奇”，当时 13 岁的她经过重重海选，和姐姐瑾妃进入了最终选拔，据记载，“决赛场地”就在今储秀宫的体和殿。当时和她们姐俩一起入围的还有慈禧的亲侄女，也就是光绪的表姐静芬（后来的隆裕皇后），以及江西巡抚德馨的两个女儿。

珍妃井

按照规定，被皇帝选中为皇后的女子会赏赐玉如意一柄，被选为妃子的女子会赏赐荷包。此时的体和殿，气氛相当紧张，老佛爷慈禧端坐殿中，示意光绪自己去选，正当光绪要把如意递给德馨的长女时，慈禧大喝一声：“皇帝！”这一叫，可把光绪吓坏了，他颤颤地把如意递给了皇阿玛早已授意的静芬，就这样，自己的表姐成了妻子，皇后选定。

选了皇后还得有妃子，慈禧怕德馨的两个女儿跟自己的侄女争宠，所以将当时的珍妃和瑾妃选进了宫，初封为珍嫔和瑾嫔。就这样，光绪的一后二妃尘埃落定，而德馨的两个女儿则被打发回了家，据说最后她们都得嫁如意郎君。可以说，珍妃的进宫是慈禧的“小心机”，可没承想，这个“心机”最后却成了她的心头大患。

13 岁的珍妃，天真烂漫，性格开朗，刚进宫时，慈禧一度很喜欢她，有时还说“珍妃最像曾经的自己”。一位曾侍奉过珍妃的白姓宫女曾回忆：“珍妃貌美而贤，初入宫时，极为慈禧所钟爱。”

珍妃喜欢书画，据说有一段时间，慈禧赐给群臣的福、寿、龙、虎等字，都是由珍妃代笔，慈禧还让内廷供奉缪嘉惠教珍妃画画。

据档案记载，有一年夏天，慈禧要去颐和园避暑，临走时特意带走了皇后和瑾妃，有点让光绪和珍妃过“二人世界”的意思。可

体和殿

以说，曾经的这对婆媳，关系还不错，珍妃对慈禧也很尊敬，时不时还用少女的天真烂漫去讨好慈禧。

本来好好的婆媳俩，最后怎么会反目成仇呢？其中原因很多，比如隆裕皇后的从中作梗，她看珍妃得宠，老向慈禧打小报告，说坏话。不过，这些都是外因，内因才是质变的根本，珍妃的下场，源于她自己的“作”。

珍妃是个极爱自由的女孩，她讨厌宫中沉闷的礼法，有记载说她喜欢“女扮男装”，有时竟穿上光绪的衣服，身为妃子，打扮成男相本来就不合适，还穿龙袍，这是想造反吗？

当时珍妃特别迷恋照相，她把居住的景仁宫当成了“照相馆”，不仅给宫女太监拍，还给皇帝和自己拍，虽说慈禧后来也喜欢拍照，但在之前，她将其斥为“邪物”，并痛责珍妃，罚她以掌嘴之刑。

而且慈禧还无意中发现了珍妃在东华门外开照相馆的事，她勃然大怒，对珍妃施以鞭刑。

据档案记载，珍妃曾遭受过“褫衣廷杖”的刑罚，即剥掉衣服打。堂堂一妃子，被当着太监、宫女的面剥去衣服打，这本身就是奇耻大辱。

至于打的原因，说法很多，比如在胡思敬的《国闻备乘》里就记载，说当年珍妃以四万金将上海道这个肥缺卖给了鲁伯阳，不过这事尚待考证。有专家指出，四万两银子差不多有 2500 斤重，试问这么庞大的银子是怎么运进宫的，又存放在哪里，难道慈禧一开始看不见?

在《翁同龢日记》中也隐约提到了她受罚的原因：“瑾、珍二妃有祈请干预种种劣迹，著降为贵人等因。”这里的“祈请干预”可能就暗指珍妃仗着光绪宠爱，干预国政。

慈禧向来“权力欲”极强，珍妃的干政让她很不舒服，也感受到了威胁，惩罚珍妃不仅是对她的警告，同时也是对光绪和“帝党”一派的震慑：“这国家还是老娘说了算！”

珍妃不仅“作”，还支持光绪变法，于是慈禧对她很不满。戊戌政变后，慈禧将珍妃囚禁于宁寿宫景祺阁北头的东北三所，这里原是明朝奶妈们养老的地方。明制规定，奶妈抚养皇嗣有功，老了不忍打发出去，或者有些不想出宫的就被安排在这里居住。

珍妃住在北房三间最西头的屋子，屋门反锁，只有一扇窗户是活的，饭菜、水都是从此进。她吃着最烂的饭菜，也不准与人交谈，更苦的是，每逢遇到节日、忌日以及每月的初一、十五，会有一个老太监“奉旨申斥”，即列数她的罪过，指着鼻子骂，这时的珍妃得跪下听骂，完事后还得叩头谢恩。

珍妃的结局是被推入井中溺死，可关于她是怎么落井的，说法很多，至今仍是个谜。我简要摘取几种说法：

一说李莲英奉慈禧懿旨将其推入井中。

二说八国联军侵入北京，慈禧不愿带走珍妃，珍妃自己跳入井中。

三说慈禧命太监崔玉贵将其推入井中。

这种说法现在引用很多，即《宫女谈往录》中提到的“当事人”崔玉贵的自述：

“到了颐和轩，老太后已经端坐在那里了。我（指崔玉贵）进前请跪安复旨。说，珍小主奉旨到。我用眼一瞧，颐和轩里一个侍女也没有，空落落的，只有老太后一个人坐在那里，我很奇怪。珍小主进前叩头，道吉祥，完了，就一直跪在地下，低头听训。这时屋子静得掉地下一根针都能听得清楚。

“老太后直截了当地说，洋人打进城里来了。外头乱糟糟，谁也保不定怎么样，万一受到污辱，那就丢尽了皇家的脸，也对不起列祖列宗，你应当明白。话说得很坚决。

“老太后下巴扬着，眼连瞧也不瞧珍妃，静等回话。

“珍妃愣了一下说，我明白，不曾给祖宗丢人。

“太后说，你年轻，容易惹事！我们要避一避，带你走不方便。

“珍妃说，您可以避一避，可以留皇上坐镇京师，维持大局。就这几句话戳了老太后的心窝了，老太后马上把脸一翻，大声呵斥说，你死在临头，还敢胡说。

“珍妃说，我没有应死的罪！

“老太后说，不管你有罪没罪，也得死！

“珍妃说，我要见皇上一面，皇上没让我死！

“太后说，皇上也救不了你。把她扔到井里头去，来人哪！

“就这样，我和王德环一起连揪带推，把珍妃推到贞顺门内的井里。珍妃自始至终嚷着要见皇上！最后大声喊，皇上，来世再报恩啦！”

太监崔玉贵作为推珍妃入井的直接参与者，他的说法可信度还是比较高的。

看到现在的珍妃井，很多人都觉得珍妃很瘦，否则那么小的井口肯定塞不进去。其实这是一种误解，现在看到的井口实际上是用封井石给封住了，是为了防止有人落井。清宫里规定，凡是水井发生过有人落井或其他“特殊事件”的，都将井口用封井石封住，名“落凤井”。不过也有人认为此井并非真正的珍妃井，原井已不复存在。

姐姐瑾妃为珍妃设立的“怀远堂”

隐秘角落篇

——故宫里容易忽略的角落

·壹·

故宫里最冷的地方是冷宫吗

要说故宫里最冷的地方，很多人都会想到冷宫，冷宫带一“冷”字，不仅是环境冷，还让人心冷。影视剧中的“冷宫”大多被刻画得环境恶劣，杂草丛生，而且里面还住了很多发疯的“弃妃”，比如《甄嬛传》里被打入冷宫的华妃，她坐在小黑屋里，哭喊着：“皇上，你害得世兰好苦啊！”

由于影视剧和民间传说的渲染，很多人到故宫都会去找“冷宫”，可惜找半天才发现，咦，好像没有一个宫殿挂着“冷宫”的匾额，难道是未开放区域？

其实故宫里并没有一个专门叫“冷宫”的宫殿，它在正式的文献档案中很少出现，倒是在影视剧和戏曲小说里经常被提及。

“冷宫”更像是一种象征，指那些犯了错或者不受宠的妃嫔居住的地方，大多是后宫偏僻之处。比如前面我们说到的珍妃，她当年就被“打入冷宫”，关在景祺阁后的一个小院里，还有顺治皇帝的第一任皇后博尔济吉特氏，她出于多种原因被废，降为静妃，从此被打入冷宫。因此，“冷宫”更像是对妃嫔们的一种“惩罚”。

既然冷宫不存在，那么故宫里最冷的地方到底在哪儿呢？我个人觉得，应该是隆宗门外的几座不起眼的灰房子。之所以说它最冷，是因为这几间房子的温度常年都在零摄氏度以下，无论外面多么热，只要一走进去，立马就冻得发抖。

它们就是故宫的冰窖。故宫现存四座皇家冰窖，为乾隆时期建造，其作用就是用来藏冰。在那个没有冰箱的时代，冰窖完全充当了皇帝的专用冰箱，它的储冰方式也很特别，不用电，纯天然，无污染。

首先，整个冰窖做成一个半地下的拱券式结构。这样可以利用地下温度的恒定来保持室内温度的恒定。

其次，冰窖整体用砖石砌筑而成，其内部长约 11 米、宽约 6

冰窖外景

米，地面铺有大块的条石，为了更好地起到隔离室外高温的作用，冰窖的墙体大都被做得很厚，有 2 米左右，同时它不设窗，仅在南、北两侧开门。另外，冰窖地面的每个角上还留有沟眼，这样有利于融化后的冰水及时排出冰窖外，保持窖内干燥。

最后，要重点说说冰窖的“地板”，据故宫专家介绍，冰窖地面铺的石材很有可能是豆渣石（又名“麦饭石”）。这种石材现在被用来做炒锅，据说健康无毒还不粘锅，真假未可知。麦饭石有净化水质的功能，当冰水融化后，地面的豆渣石可以将水中的杂质等有害物质吸附、分解，防止水腐败。

关于冰窖放冰，《大清会典·工部都水清吏司·藏冰》记载：“紫禁城内窖五，藏冰二万五千块”，所以大概是每个冰窖放约 5000 块冰，据说每块冰都有严格的尺寸要求，大约 0.5 米见方，码放时

冰窖内部

由专人由里到外，由下到上，严丝合缝地垒满整个冰窖，之后便封闭窖门，直到次年夏天取用，供冰时间一般是从旧历五月初一开始，直到七月三十结束。

说到这，肯定有小伙伴会问了：“每年二万五千块冰都是从哪里来的呢？”

说到冰的来源，它们大多是从紫禁城的筒子河、北海及中南海、御河等处采集。每年立冬前后，采冰就开始了，首先要进行“涮河”，即把水中的杂草等清除，不然皇帝用着冰，突然见到水草或者蚂蟥，那就惨了，可能要被砍头的！其次是开闸蓄水，等到水面结冰，工部都水司就派专业的差役采冰，名曰“打冰”。如今的冰窖早已失去了昔日藏冰的功能，它被改作餐厅，也成了故宫新晋的“网红打卡地”。炎炎夏日，我非常喜欢来冰窖餐厅坐坐，有时点上一份烤鸭卷，再来根脊兽冰糕，惬意地过一下午。

·贰· 故宫里的『断魂桥』在哪里

民间传说，故宫里有座“断魂桥”，凡是犯了错的文武百官，全都要通过此桥被拉到午门外去斩首，而且，过这座桥还有讲究，当未走上桥时，官兵们得好吃好喝“伺候”犯人，有点“最后一餐”的感觉，而当过完桥后，犯人立马就会被戴上刑具，押赴午门。

过了此桥，魂也没了，故名“断魂桥”，它的位置就在武英殿附近。其实这座桥的本名不叫“断魂桥”，而是叫“断虹桥”。断魂桥？断虹桥？那么，这座断虹桥真的会断魂吗？

民间关于“断魂桥”的传说仅仅是传说，因为历史上的午门根本不是斩首的地方，官员们也不会通过此桥去赴死。断魂桥的说法也许是它的本名“断虹”谐音“断魂”导致。

断虹桥，听起来有点像“断了的彩虹”，有人认为，它的得名是因为在斜阳的照射下，地平线仿佛把这条形似彩虹的桥梁给截断一般。

这个说法有一定道理，我曾经在夕阳西下时好好观察过断虹桥，确实有点像被地平线截断一般，还是挺神奇的。

断虹桥

不过，“断虹桥”的得名和阳光照射关系不大，它的背后有更深的讲究。

皇宫里的桥，实用性不强，一般都是体现建筑的等级规格，断虹桥也不例外，有故宫专家考证，这座桥实为元代皇宫崇天门前的周桥。

众所周知，明代紫禁城的修建是在元代皇宫的旧址上进行的，据专家推测，今断虹桥一带有元代皇宫的正门崇天门，在《辍耕录》里记载：“直崇天门，有白玉石桥三虹。上分三道，中为御道，镌百花蟠龙。”

这种在皇城正门前建的桥梁叫“周桥”，是一种制度和规格上的需要，源于“造舟为梁”的典故。（《析津志》：“周桥，义或本于《诗》‘造舟为梁’，故曰周桥。”）在《诗经·大雅·大明》里讲到，当年周文王迎娶太姒时，“造舟为梁”是婚礼仪仗的重要组成部分。据历史学家顾颉刚先生考证，“造舟”为周代天子之制，“造”有“靠”之意，“造舟”，其实就是将舟船并排靠在一起连接成浮桥，是一种天子的礼仪。经过演变，后世把实际的“舟”换成了石桥，名“周桥”（古代舟、周两字通用）。同时，建在皇宫正门前，还是等级的象征，典型代表就是太和门前的五座金水桥。

古人对于桥有很多浪漫的想象，比如将其喻为“彩虹”，用“虹桥”命名，像宋代的京城外有“虹桥”，元代庆寿寺有“飞虹桥”等。同时，这个“虹”还有“虹梁”之意，在古文献中，经常用“虹”来表示桥的数量。（阚铎《元大都宫苑图考》：“桥以虹计，至今犹然。‘萧录’谓之曰：‘座’，不如‘虹’之适当。”）

一座桥叫一虹，这样的称呼简直太美了，古人真是浪漫！

据专家的推测，断虹桥原本是三座，符合“周桥三虹”的礼制需要，如今只剩一座，即为“断”之意。

至于为什么要将另外两座截断，说法很多。有专家认为，明初永乐皇帝建紫禁城时，这三座桥还在，但考虑到桥的位置已经不在皇宫和皇城的正门，所以不能再保留“三虹”这样的天子之制，因此，为了兼顾礼制和实用性，三座桥“断”去两座，独留一座。

关于断虹桥，如今最值得一看的就是它身上的“图案”——桥的栏板上雕刻着“龙游百花”，一前一后两条龙，竞相追逐在各种花丛中，有牡丹、荷花、菊花、慈姑等。在前的一条龙有时还会扭头逗逗后面的，似乎在嘲笑：“你抓不到我！你抓不到我！”

不过，最有意思的还数桥望柱上的这些小狮子，它们形态各异，造型生动，总共有 34 只。

其中，最“红”的是“捂裆狮”。为什么手捂裆部？传说很多，有一种说法是这只狮子乃道光皇帝长子奕纬的化身。当年小奕纬仗着长子身份，横行霸道，有一次竟连上书房的老师也敢骂，作为父亲的道光知道后，气得不行，于是在奕纬来请安时，一脚踢中了他的裆部，结果不久后奕纬竟不治身亡。这样的故事纯属牵强附

断虹桥身上的图案

会，奕纬之死和踢裆之伤并无关系，大家当个茶余饭后的谈资即可，千万别当真。

不过，断虹桥这种完全“放飞自我”的雕刻风格在严谨的紫禁城还真是独特，尤其是小狮子竟然能“坐”在龙之上。“狮在龙上”，这本身不符合礼法。据专家考证，这种雕刻风格恰恰就是元代的风格。元朝人来自草原，他们策马奔腾，没有繁杂的礼法约束，所以在设计上也不太在乎龙在上还是狮在上的问题。写到这里，我的脑海里突然浮现出一个场景：“这些小狮子、小龙到了夜深人静之时，全都活了过来，它们打开手机，放着流行歌曲，在断虹桥狂跳广场舞！”

捂裆狮

·叁· 宫里真的有香妃的专用浴室吗

故宫的武英殿里有个叫浴德堂的地方，过去总有人将它说成是香妃的专用浴室，还说香妃是异族女子，乾隆为了讨好她，专门为她建了个颇具“异域风情”的浴室。

浴德堂在武英殿西，很多人初见它时都觉得有点奇怪。为什么要建一个有点像阿拉伯风格的圆形屋顶呢？

其实这个白色圆顶叫“瓮顶”（也称作“穹顶”），它的内部“贴满”了白釉琉璃瓷砖，简直就是一个公共澡堂，只不过少了淋浴的喷头。

穹顶

仔细看，室外还设有井亭，井亭周围安着长长的石槽，它们的作用就是将水引进锅炉然后烧开，让蒸汽充满浴室。

由此看出，这个“浴德堂”应该不是洗淋浴，可能是用盆接水擦洗身子，它的前殿类似于更衣室，穹顶瓷砖屋是洗浴间，后面的井亭和锅炉是供水烧水间，配置相当齐全。

那么，谁会在这里洗澡呢？据说乾隆的香妃就把这里当成了私人浴室。

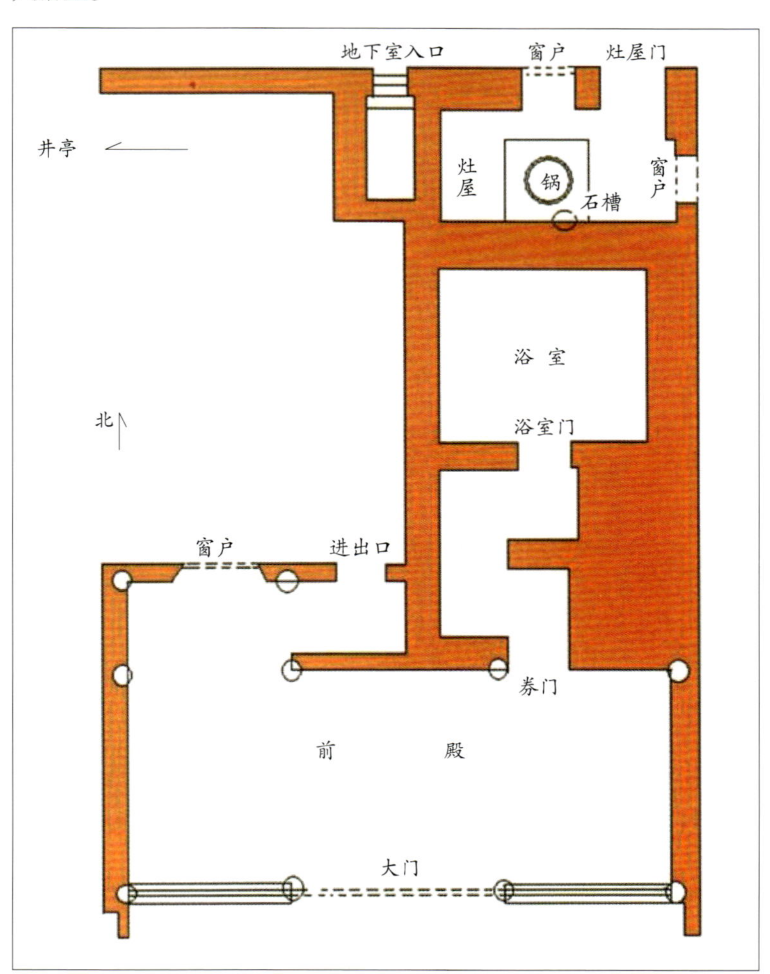

浴德堂平面图

关于“香妃沐浴”的说法，主要是因为1915年故宫曾在武英殿成立古物陈列所，当时把一幅戎装女人像挂在了浴室的门楣上。这幅画像被附会为乾隆的回族妃子香妃，但实际上，原画的黄签上写的是《美人画像》，并无确凿证据说是香妃。

其实就算是香妃，她也不可能来这里洗澡，因为武英殿区域属于故宫的外朝，后宫妃嫔严禁来此，即使当年的慈禧太后出入西华门时也不能穿行外朝中路，同时在途经武英殿石桥时，她乘坐的轿子还得放下帘子，所以香妃完全不可能在这里洗澡。

既然这里不是香妃澡堂，那么它的作用到底是什么呢？专家们的说法很多，至今也没有定论。

据故宫专家单士元先生考证，浴德堂所在地原是元大内宫城西南角楼外地带，它的的确确就是个浴室，因为它的造型和元皇宫里的延华阁浴室基本一致。

据《辍耕录》记载：“西南角楼南红门外，留守司在焉。”当时的留守司是个较大的行政机构，它有很多“办公室”，同时还为其配了浴室。

同时，从整个浴德堂的建造特点来说，它也很符合元代浴室的建筑标准，尤其是它使用的白色琉璃瓷瓦，这是元宫殿最常用到的。

据史料记载，当年永乐皇帝创建武英殿，主要是将其作为帝王斋戒之所。别小看“斋戒”，这可是皇帝向上天表忠心的大事，斋戒期间，得过苦日子，不能举办宴会，不能近女色，吃得也要艰苦，同时，身心还得洁净，每天必须沐浴更衣。

因此，有专家认为，这座元代的浴德堂之所以能留下，可能就是因为朱棣为了斋戒时沐浴方便。

关于浴德堂，有专家还给出了出人意料的解释：给死去皇帝沐浴的地方。

这种说法主要是基于浴德堂、武英殿和其北的仁智殿院来综合考量。在明人的记载中，仁智殿院是停放死去帝王梓宫和神位的地方，当年永乐帝死后就在此停过梓宫。

从古至今，给死者沐浴一直是丧葬的传统，在《礼记》中就记载，给死者沐浴得有一间专门的浴室，像曾子当年就把亲人抬到厨房去沐浴，将厨房当作“浴室”。

而浴德堂距离明皇帝停梓宫的仁智殿院仅一墙之隔，按照常理，也会就近将其当作沐浴之所，况且我们古人讲究“事死如事生”，生前做了什么，死后也得做什么，身为帝王，生前在浴德堂沐浴过，死了也在这沐浴，好像也挺顺理成章。

武英殿

另有一种说法：给纸张洗个“热水澡”。

武英殿在清朝曾是“皇家出版集团”的“总部”，康熙时，这里设立了“修书处”，负责刊印装潢书籍。武英殿刊印的书籍印刷质量高，刊印精美，所以又被称为“殿本”，它们代表了当时国家最高印刷水准的图书。

刊印图书的必需品是纸张，据故宫专家傅连仲先生所说：“古人用纸有生熟之分，熟纸妍妙辉光，生纸非有丧不用。”要做“熟纸”就得涂蜡或煮蒸，而染纸则是用水和色浸染。所以推断，浴德堂可能是修书处在装潢过程中为熟纸、染纸等工序而建的积水池。

古礼有“左庖右湢”（湢，浴室义）的说法，即宫城建造时左边为庖厨，右边为浴室。

武英殿这里建了浴室，而和它相对的文华殿里刚好有一口井，名“大庖井”，符合“左庖右湢”的礼制，象征着皇帝建立宫城是受上天的指示。

讲了这么多，浴德堂的作用仍然是个谜，不过我建议大家抛开这些，单单来看“浴德”二字，它出自《礼记·儒行》里的“澡身而浴德”，表面上看是希望我们把身体洗干净，不为污物所染，但更深层的意思，是让我们洗净思想上的污浊，用美和善来“沐浴”自己，提高个人修养。

所以，你可以扪心自问一句：“今天我‘浴德’（洗澡）了吗？”

·肆·

摛藻堂真的是『搓澡堂』吗

除了浴德堂，宫里的“澡堂子”据说还有一座，它的位置在御花园，名字叫“摛藻堂”。

“摛藻堂”，如果念得快一些，有时还真会误读成“搓澡堂”，就因为带了一个“藻”，很多人凭读音就说这里是“澡堂子”。更有甚者，竟然将其附会为乾隆浴室，还说乾隆在御花园建澡堂，主要是为了采花泡“花瓣浴”。

简直是一本正经地胡说！虽然摛藻堂的确为乾隆所建，但它真不是澡堂，此“藻”非“澡”。

摛藻堂在故宫的东北角，这里的“摛藻”并不是搓澡的意思，“摛”意为舒展、铺陈，还有传播、传扬之义；“藻”，除了有海藻的意思，古人还将其比喻为华丽的文采、文辞，比如说谁的文笔好，用词美，我们就会夸他的文章“辞藻华丽”。

因此，“摛藻”二字有“铺张辞藻”之意，暗示了这个地方可能和书有关。

摛藻堂

的确，摛藻堂就是用来藏书、看书的，它建于乾隆年间，算是乾隆的“花园书房”。

如今的摛藻堂成了故宫书店，每次走进去，那一排排书架都让我有种穿越感，想当年，乾隆也是在这里看书的。

他会看什么书呢？这部书叫《四库全书荟要》。

听名字就知道它和文化巨著《四库全书》有关系，“荟要”有精华的意思，这部书实际上是《四库全书》的精编版。

乾隆三十八年（1773），已经63岁的乾隆担心一件事，他害怕自己有生之年看不到《四库全书》的完成，所以为了先睹为快，他命人将书中的精华部分先摘出来编成《四库全书荟要》，“以备临憩阅览”。

五年后，《四库全书荟要》大功告成，虽然是精华版，但内容依然很多，当时乾隆命人作了一式两份，每份约11260册，大约相当于《四库全书》总篇幅的三分之一，其中一份存入御花园中的摛藻堂，另一份保存在圆明园内的味腴书室。

一万多册的“精编版”，如果按一天读一册也得约 30 年才能读完，而此时距乾隆逝世仅剩十几年，不知道“读书狂”乾隆最后到底读了多少。

摛藻堂里除了放书，还有一个“奇异”的设计。在靠西边的小屋里，门和过道与咱们平时看到的不太一样，它的门洞和墙并不垂直，视觉上有点歪，过道也不笔直，稍微有些斜，有人将这种设计称为“歪门邪道”。

之所以这么设计，倒不是讽刺乾隆，而是因为歪门里的这个小屋，也可以将其看作乾隆的“私人小阅览室”。它的面积不大，但布置得很温馨，我曾有幸在冬日的午后进去过一次，当时阳光就从那些冰裂纹的窗户洒进室内，暖洋洋的，很舒服。试想当时乾隆就坐在窗边的暖炕上阅读，读着读着累了，一抬头，眼光就会透过“歪门”看到满目的大书架，这种感觉仿佛是在暗示自己：“哇！我太厉害了，文治武功，我样样都会，天下有谁读书能有我多呢！”

“歪门邪道”

在摛藻堂的西山墙上有一首诗词，名《古柏行》，他的作者是“写诗狂人”乾隆，诗中，他盛赞了摛藻堂旁的一棵古柏，说它见证了明王朝的兴衰，还说它已经成仙，难道是“柏仙”?

这棵古柏就在摛藻堂和堆秀山之间，据说植于明初的永乐皇帝时，距今已是600年。

关于这棵古柏还有一个传说，讲的是乾隆下江南时，此古柏一路跟随为他遮阴挡阳。我想，除非古柏会飞，否则怎么能一路为其遮阴呢?而且更神的是，有大臣回报，说皇上离京时，这棵古柏就忽地枯死了，而当皇帝回紫禁城后，它又神奇地活了过来。

这棵古柏简直是乾隆的“死忠粉”，为他生为他死，它的感人事迹也让乾隆动容，竟御笔钦封其为“遮荫侯”。

·伍· 故宫里怎么有这么多『麦当劳』

故宫里有一个地方经常被误会为“麦当劳”，一个个的拱门，虽然不是金色，但还真像麦当劳的标志，曾经我就看到有小朋友哭闹着要穿墙进去吃鸡翅、汉堡。

堆拨

这些拱门形图案和麦当劳无关，它们的真身其实与紫禁城的防卫工作有密切联系。在过去，这些半圆形的设计实则是券洞的洞口。很多人都会奇怪，为什么如此好看的红墙上会挖些洞出来呢？这样不是破坏了整体美感吗？关于它们的用途，有三种说法广为流传。

第一种认为这些券洞原本是明初建紫禁城时，故意留下的“进料口”，为的就是进行宫墙内部再施工时，进料方便。

第二种认为这券洞是为运输宫人们的大小便而设立，他们的“秽物”在准备运出宫时会暂时放在这里。

这两种说法看起来貌似合理，但疑点颇多。

首先是“进料口说”，如果真是为了进砖石木料而设，那洞口的高度和宽度明显不合适，太过低矮，而且进料完全可以从大门进，没必要专门“挖”些洞出来，有碍观瞻，得不偿失。

其次是“摆粪说”，不论明清，宫人的污秽物清理都有专门的程序，未见有资料记载要放在洞里暂时存放的。

既然这两种说法都不可信，那么只剩下第三种了，大多数专家认为，它们是负责紫禁城保卫和巡逻的士兵们站岗放哨的哨所，通俗地讲，就是“保安室”。

这些保安室在清代被称为“堆拨”，也叫“门讯”，据史料记载，这些堆拨券洞的进深约 1 米、宽约 1.8 米、高约 2.3 米，刚好能容人。在乾隆时，券洞外还会建一个坡屋顶的值房，这样也方便护军们躲避风雪，待着也宽敞、舒服。

在墙上设计券洞并不是故宫的“专利”，之前，为了抵御外敌，南京明长城的一段也建有供士兵防卫和储存兵器的藏兵洞。紫禁城身为皇家重地，在一些大门或者特需防卫之处设计有防护功能的券洞也正常。

在《大清会典》中曾这样记载道：宫内东北角、西北角、奉先殿东南，御茶膳房东北角、西北角，中正殿前门，后铁门，寿康宫西都有堆拨。各处堆拨每日值班护军官兵为 11 人，每处装备长枪 4 杆、腰刀 4 把、弓 4 张和箭 40 支。这里提到的“宫内西北角”大致与东筒子吻合。

既然这些券洞是作为宫里巡更护军们的值班处，那他们是怎么巡更的呢？

清宫规定，巡更时间大致是从二更到五更（约为 22 点—次日凌晨 5 点），通过传筹巡逻，“筹”是一根长木棒，传筹有点类似运动会上的“接力棒”。怎么传呢？

大致传筹路线为：“自景运门发筹（发棒），从苍震门经景运门，经乾清门出隆宗门，过启祥门、中正殿前门（春华门）、长庚门绕经西北隅，再向东经中正殿后铁门、顺贞门、吉祥门回到东筒子‘大宫东北角堆拨’。”（摘自《紫禁城里的堆拨》，建知，《紫禁城》）

值班是件很无聊的事，尤其夜班，漫漫长夜，非常辛苦，为了打发时间，护军们就打起了堆拨券洞的主意，他们会在墙上写诗、画画。据史料记载，乾隆年间，中正殿前门堆拨被发现画有棋盘，乾隆帝看后大为恼怒，他心想：“我这真金白银花大钱请你们当保镖，你们却不当回事，玩忽职守！”随即命人彻查此事，最后严惩了一大批人。

除了写诗画画，堆拨券洞上还会留下一些宫廷秘闻的“记录”，比如当年专家们在券洞洞壁上就发现了一句话：“忽听一声白靳合，吓得官兵乱如梭，若是情况心稍定，就怕……”后面的字被涂抹掉了，据说是五个字，那么到底是什么事让这个官兵“就怕”呢？给后世留下了无限想象。

这些“有意思”的堆拨券洞在 20 世纪被填平，主要是为了方便参观和利于消防。每次走到这儿，我都在想，如果当年它们没被填，或许现在还能在里面找到一些稀奇古怪的涂鸦呢。

·陆·

故宫里的『生子大街』真的很灵吗

记得电视剧《甄嬛传》里有这么一个情节，皇后因为后宫子嗣少，被太后训斥为“中宫失德”，于是受罚跪在螽斯门前思过。

当时看这段，很多人都费解：“太后这处罚也太奇怪了吧，怎么能让堂堂皇后对着一小破门思过呢？！”

其实，太后的这种处罚简直比拿鞭子抽还疼，不仅是膝盖疼，还是心里疼，而且是“疼死”那种。

螽斯门，位置在故宫的东二长街上，很多人经常把“螽”读成“冬”，实际它的音和“钟”相同。这座门的取名很不简单，“螽斯”二字出自《诗经·周南·螽斯》：

螽斯羽，诜诜兮。宜尔子孙，振振兮。
螽斯羽，薨薨兮。宜尔子孙，绳绳兮。
螽斯羽，揖揖兮。宜尔子孙，蛰蛰兮。

“螽斯”是一种神奇的昆虫，它生孩子能力超强，这首诗讲的就是螽斯家族搞聚会，上有老下有小，子孙满堂，叽叽喳喳聊天打闹的繁盛景象。因此，“螽斯门”的深层含义是希望后妃们能够以螽斯为榜样，多生孩子，尤其是皇子，祈愿皇室多子多孙，帝祚永延。

螽斯门

除了螽斯门，宫里还有一座门也和动物有关，它叫“麟趾门”。

“麟趾门”位于东二长街，“麟趾”，字面理解就是麒麟的脚趾，它在人们心目中的样子类似海昏侯墓出土的“麟趾金”，它跟马蹄有点像，不过麒麟是瑞兽，其脚趾可比马蹄高级多了，而且历代皇帝还特喜欢用它取名，像东魏时，孝静皇帝就建有“麟趾阁”，唐朝有“麟趾殿”，清的盛京皇宫中也有“麟趾宫”。

麟趾门

其实“麟趾”出自《诗

经·周南·麟之趾》:

麟之趾，振振公子，于嗟麟兮。
麟之定，振振公姓，于嗟麟兮。
麟之角，振振公族，于嗟麟兮。

这诗的大意就是在夸周文王的子孙们谨遵礼法，规规矩矩，品行贤德。后来“麟趾”就专门用来称赞王室和贵族子弟德才兼备，人品高洁。同时，“麟趾”也有子孙繁盛之意，在南朝齐王融《三月三日曲水诗序》里就写道“族茂麟趾，宗固磐石”。

综合这些说法，可见“麟趾门”也是祈愿后妃们多生孩子，使皇室子孙绵延，更进一步，还希望皇子们都像周王室的子孙那样能够品行仁厚，向“别人家的孩子”学习。

螽斯门和麟趾门还有两个好“闺密”，它们一起组成了宫里的“生子大街”。

生子大街示意图

螽斯门与北段的百子门相对，组成“螽斯百子”的“生子第一街”。

麟趾门与北段的千婴门相对，组成“麟趾千婴”的“生子第二街”。

这两条“生子大街”还发生过很多有意思的事儿，比如“螽斯百子”第一街就在光绪年间发生了这样一件事：

某年的正月初一，光绪皇帝和隆裕皇后来到储秀宫给慈禧请安，刚一进门，慈禧就神情严肃地说道：“皇帝打哪儿来啊？”

光绪听了，答道：“从养心殿来。”

慈禧接着又问：“可有经过螽斯门啊？”

光绪答道：“回太后，儿子为了能早点来，抄了近道，经过了螽斯门。”

听罢，慈禧皱了皱眉说道：“先皇帝在世时和我说过‘螽斯门’的故事，说螽斯是一种小虫，每当雄螽斯振动翅膀，一大群的雌螽斯就会飞过来，每个都给它生 99 个孩子。”

光绪一听瞬间明白了，原来慈禧是在暗示自己还没有子嗣，尤其是和皇后，结婚至今“貌合神离”，同房几乎没有，更别提生孩子。

不得不说，慈禧这招真是“杀人不见血”，轻松用一道门“训斥”了光绪和隆裕，既不让皇帝丢面子，又起到了警示作用，手段的确高明。可这样的“手段”对二人没起任何作用，光绪口头上虽然答应着会好好传宗接代，可实际上，他和隆裕仅是名义夫妻，直到驾崩那天依然没有孩子。

·柒· 景阳宫里藏了妃子们膜拜的12本「秘籍」

很多人知道景阳宫都是因为《还珠格格》，剧中的这座宫殿不仅是五阿哥永琪的居所，而且还是他和小燕子的婚房。其实这些都是杜撰，真实的五阿哥并不住在宫里，更不可能把景阳宫当作结婚洞房。

说起景阳宫，它的位置很偏僻，紧靠故宫的东北角，在《清宫述闻》里曾有记载，说康熙年间，这里是各种大小答应等低品级嫔妃们的集体宿舍，里面具体住了多少人没有记载，但从景阳宫的“小”来看，估计有睡“大通铺”的可能。

由此进可达景阳宫

虽然位置偏，住的人等级也低，但景阳宫里发生的事很多，过去，这里就珍藏着清代妃子们顶礼膜拜的 12 本“秘籍”。

景阳宫虽说是建了给后妃居住，但它实在太偏，位置在风水上也不吉利，所以自建成之日，很少有后妃在此居住。在明代，被万历废掉的皇后就住在这儿。到了清代，这里干脆变成了皇家小型图书馆和阅览室，后殿直接被叫作“御书房”，殿内挂有乾隆御笔题写的“学诗堂”。

“学诗堂”的得名和这里珍藏着《毛诗图》有关，“毛”不是说这诗写得毛毛糙糙，而是指传授《诗经》的毛亨、毛苌，现在流行于世的《诗经》就是由二人所辑注的古文《诗》，称为《毛诗》。

南宋时，高宗赵构和孝宗赵眘将《诗经》的 300 多篇手抄了下来，同时还命画家马和之给每一篇都配上画，可惜仅仅画了 50 多幅，马和之就去世了。

据记载，爱看“小人书”的乾隆经常到景阳宫翻阅这些《诗经图》，他鉴定马和之的《诗经图》17 卷，从中鉴定出赝品 5 卷，真迹 12 卷。

难道这 12 卷《诗经图》就是后妃们顶礼膜拜的“修炼秘籍”？

当然不是，真正的秘籍另有其“书”。

真正的景阳宫“十二章经”其实是乾隆皇帝弄的，当年他命画师以中国古代后妃美德为题材绘制了 12 幅《宫训图》，每幅图还配赞四言 12 句，让后宫妃嫔们以此为榜样。

同时，他还下谕，每年的腊月二十六日，东西六宫在张挂春联、门神画时，必须在正殿东墙挂《宫训诗》，西墙挂《宫训图》，等到来年的二月二日才能摘下，然后统一收藏在景阳宫后殿的学诗堂中。这 12 幅画的内容和具体张挂地点如下：

永寿宫——《班姬辞辇图》　　翊坤宫——《昭容评诗图》

储秀宫——《西陵教蚕图》　　启祥宫——《姜后脱簪图》

长春宫——《太姒诲子图》　　咸福宫——《婕妤当熊图》

景仁宫——《燕姞梦兰图》　　承乾宫——《徐妃直谏图》

钟粹宫——《许后奉案图》　　延禧宫——《曹后重农图》

永和宫——《樊姬谏猎图》　　景阳宫——《马后练衣图》

这12张《宫训图》基本上就是在教导后妃们要谨守“三从四德”。比如景阳宫挂的《马后练衣图》，马后是东汉著名的贤后，她精通文史，为人善良，生活也很简朴，史料里说她“常衣大练，裙不加缘”，这里的“练”是白素的意思，是说她不喜华服，每天穿着都很朴素，这是夸赞她简朴的品德。

又如《延禧攻略》里的富察皇后住的长春宫，这里挂的是《太姒诲子图》，太姒为周文王的正妻，周武王之母，“太姒诲子”说的是太姒教育子女的事，体现出女子在家应以“相夫教子”为重。

其余的10幅《宫训图》也大致是类似的故事，它们虽然内容不同，但主题一样，都是在告诫后妃，身为皇帝妻，得守本分，搞好团结，相夫教子。

12幅《宫训图》如同12本秘籍，后宫女人们都以学到秘籍上的“绝世神功”为一生所求，可惜，又有谁能全学完，学会呢？就算是把12种“神功”都学到手，就真的能宠冠后宫吗？不过是12副“枷锁”而已。

景阳宫在溥仪被赶出紫禁城后彻底成了“冷宫”，《宫训图》也再无机会重见天日，不过令人意外的是，“中华民国清室善后委员会”的工作人员竟然在景阳宫里发现了许多慈禧太后的照片。

不知老佛爷将照片“藏”在这里是有意还是无意，或许，她也想做《宫训图》里的女主角吧，可惜，舞台早已撤了。

·捌· 延禧宫差点就成了宫里的『水下餐厅』

受清宫剧的影响，很多人去故宫都想到延禧宫看看，毕竟那两个“斗不死的女人”——魏璎珞和如懿就在这儿住过。找啊找，好不容易在一个偏僻的角落找到了它，可一走进去，几乎所有人都会发出惊叹：“天！这延禧宫怎么是个破烂不堪的小楼？难道令妃就住这种地方？”

不过，可别小看这座破烂的“西洋楼”，人家当年差点成了宫里千古未有的“水下餐厅”。

延禧宫的位置算是紫禁城里比较偏的，明、清两朝，这里住过的妃嫔大多地位不高或者不受宠，另外，这里还经常着火，比如在道光二十五年（1845）和咸丰五年（1855），延禧宫曾两遭大火，尤其是道光二十五年的那场大火，延禧宫正殿、东西配殿被烧得一干二净，最后仅剩下一座宫门。不仅房屋受损，住在宫内的恬嫔也因此受伤，最后伤重身亡。

据调查，这场大火是由延禧宫的厨房炉灶起火而后延烧到正殿

延禧宫

引发，当时的道光非常生气，他对这个调查结果很不满意，斥责道："就算这次是因为厨房炉灶，那么之前大大小小那么多次走水（宫内为避讳，将失火说成走水）又是因为什么呢？"

负责调查的宫人看到皇帝生气，只能硬着头皮答道："延禧宫走水是明朝就开始有的，原因可能是这里离宫人们出入后宫的苍震门很近，人多，人也杂，所以走水。"

从这件事儿可以看出，延禧宫不仅失火次数多，而且每次都很"诡异"，就算是它离苍震门近，人多杂乱，但也不至于到着火的地步，难道有人故意带着"易燃物"去逛延禧宫？

同治年间曾有旨要按原样复建延禧宫，可不知何种原因，重建一直没什么进展，到了宣统年间，一个女人打起了延禧宫的主意。

宣统年间，隆裕皇太后的心腹太监小德张"发现"了延禧宫，他向隆裕献策，说延禧宫屡遭火灾，应该建一座"镇物"，按五行之道，水克火，可以建个和水有关的“镇物”。隆裕一听来了兴致，她思来想去，最终决定建一座紫禁城中独一无二的“水殿”。

这座水殿建得很奇特，她先命人在延禧宫内挖一个大水池，引玉泉山水环绕。

然后在水池中建殿。据《清宫词》等史料记载，这座水殿的大小柱子均以铜或铁铸成，叫“以铜为栋”。同时，水殿四面又开有超大面积的“玻璃窗”。

整个建筑最精妙的是水中的底层，妃子们可以置身其中，一边喝茶聊天，一边透过玻璃窗欣赏池中的游鱼，颇有“水下餐厅”“海底世界”的感觉。

隆裕的想法极具创意，当时的她热情很高，还给水殿题匾额曰“灵沼轩”（俗称水晶宫），她的内心极其渴望借此做一件大事来使自己彪炳千古。

延禧宫大坑

可惜啊，这座水晶宫出于各种各样的原因一直没完工，宣统三年（1911），水晶宫被迫停建，最终成了一座“烂尾楼”。不过事情还没完，1917 年张勋复辟，延禧宫再遭“火伤”，它的北部被直系部队的飞机投弹炸毁。

关于延禧宫的故事，还有另一种版本，说的是端康皇贵太妃（珍妃的姐姐瑾妃）拉着隆裕太后一起弄的，也是为了想做件“伟业”。现如今的延禧宫介绍牌上还有一幅“端康太妃水晶宫观鱼”的旧照片。

如今的延禧宫，游人如织，似乎这里从来就这么热闹，殊不知，它身上有太多的“伤”。我最喜欢秋天的延禧，金黄色的银杏映衬着那座未建好的西洋楼，好像给人一种“错觉”：现在的样子，恐怕是它最好的结局。

水殿复原对比图，拍摄于故宫博物院延禧宫院内

·玖·

宁寿宫里藏了一个双鱼座的『心机 boy』

故宫东北部有一组“精致”的宫殿建筑群，称为“宁寿全宫”。在明代，这里是给皇太后、太妃们居住的仁寿殿、哕鸾宫等。清代的康熙皇帝为了奉养孝惠章皇太后，特在此处修建了宁寿宫。到了乾隆年间，一个全身散发着浪漫气息、爱胡思乱想，又有点小心机的“双鱼 boy”打起了宁寿宫的主意，他要按照自己的心思重新设计这里。

他，就是当时唯一有资格在紫禁城大兴土木的乾隆皇帝本尊。

乾隆皇帝是什么星座呢？查了一下资料，官方记载，他出生于康熙五十年（1711）八月十三日（公历 9 月 25 日）子夜，照此计算，星座应该是天秤，不过我总觉得，他和天秤座的特点不是很像，反倒是双鱼座的特质非常多，很有可能他的上升星座或下降星座是双鱼座。

双鱼座是个很感性、极富浪漫气息，又爱胡思乱想的星座。乾隆在对宁寿宫进行改建时，从布局、摆设、装修，到每个宫殿的取名，无不透着浓浓的“双鱼味儿”：浪漫和幻想中夹杂着一丝丝让人一眼就看破的小心机。

乾隆之所以对宁寿宫动起了心思，主要是因为他即位之初发下的一个誓言，他说自己为了表示对爷爷康熙皇帝的敬重，在位时间绝不超过爷爷在位的 61 年。为了自己退位后有个地方住，他把目光锁定在了东北部的宁寿宫区域，从即位的第 37 年开始，已年过花甲的乾隆便开始大肆改建宁寿宫，准备将它作为自己的“干休所”。

整个宁寿全宫的改建工程历时五年，耗银 143 万两，形成了一处规制高于皇帝的太上皇居所。虽然乾隆极力强调此处是自己退休养老、不问朝政的地方，但从宁寿全宫的各项设计来看，乾隆“心口不一”，他内心深处不愿放权的“小心机”让人一眼就能看破。

有人把宁寿全宫称为“小紫禁城”，因为它前朝后寝、正殿正宫的布局和紫禁城一模一样，比如它最核心的皇极殿。其功能类似乾清宫，是乾隆打算退休后临朝受贺的地方。不过它的设计并不像乾清宫，而是类似太和殿的规制，更重要的是，“皇极”二字有种“皇权到了极限”的暗示，听起来就比“太和”威严。

再看皇极殿，它拥有宁寿门、皇极门两种不同形制的大门，皇极门前更是有象征“九五之尊”的九龙壁，这完全就是在凸显太上皇至高无上的地位和登峰造极的尊严。

除了皇极殿，养性殿、倦勤斋、符望阁等也是乾隆的“小心机”。养性殿，“养性”二字，是乾隆想告诉大家自己治理国家累了，现在已经功德圆满，选好了接班人，之后就无欲无求地住在这里了。倦勤斋，原本是乾隆用来休息的地方，“倦勤”是在说自己真的累了，有倦于勤务、休憩颐养的意思。“符望阁”的“符望”也是想让所有人知道，建这处“养老院”真是符合自己的心愿——想做退休老人，不想管事儿了。

整座宁寿全宫就像乾隆的“唠叨”，他好像不停地在告诉天下

皇极殿

人，“我真的做皇帝太累了，想好好颐养天年”，但实际上，这座宫殿自建好后他就从没住过，虽然已经传位给了儿子嘉庆帝，可他仍借“归政仍训政”的“美名”，教儿子怎么做皇帝，把持朝政，占据着养心殿，而新皇嘉庆只好憋屈地住在毓庆宫，直到乾隆去世才搬出。

除了在宁寿全宫里藏下了自己不想归政的“小心机”，乾隆还将自己爱浪漫、爱幻想的双鱼特质洒满全宫。

乾隆是个“江南控”，他将江南美景做了一个“乾坤大挪移”，“移”到了宁寿全宫中，典型代表就是全宫西北部的乾隆花园。

这个区域过于狭长，空间也不大，本不适宜造园，可乾隆偏要弄。设计师们绞尽脑汁，终于想出了办法——采用“集锦式”的构园法，将花园分隔成了四进院落、五个景区，每个院落景致都不一样，务求达到“步移景迁”的效果。

比如每进院落都有太湖石的假山，亭台楼阁，苍天古树，尤其是第三进院落，太湖石堆叠的假山上，耸秀亭高高屹立，山中密道

倦勤斋

互通，可寻幽探秘；三友轩前遍植松竹梅，连家具都以此“三友”为题材，颇有一种江南文士的古风。

第四进院落更是精彩：碧螺亭的外形做成五瓣，上饰以梅花；竹香馆对应着苏东坡的诗词“宁可食无肉，不可居无竹”的文人士气，也许以前，馆外曾种满翠竹，微风一过，仿佛江南的竹林再现。

不过最妙的还数倦勤斋，简直就可以看到乾隆的“江南梦”。一进斋，江南风情的二层仙楼，金丝楠木雕刻成的竹子，满室里精美无比的竹簧雕刻、竹丝镶嵌，还有那江南独有的双面绣，身处其中，仿佛真的梦回江南一般。

除了这些，乾隆还有小孩子童真的一面，比如倦勤斋正中那个小戏台，它的顶上画满了紫藤，这些紫藤的立体感极强，如“裸眼3D”一般，粗略地看，还真以为要垂下来。另外，在倦勤斋和竹香馆之间还专门开了一条小暗道，它歪歪扭扭，颇有点像小朋友喜欢捉迷藏的地方。

乾隆最爱附庸风雅，在宁寿宫花园中，他按照王羲之的《兰亭集序》描写的景象，专门建了一座“禊赏亭”。

古人在每年的三月三，会约上朋友一起到河边洗澡，寓意洗去一冬的尘垢，也洗去一切邪秽之物，名“祓禊”。文人雅士们常常趁此机会，会友聊天，利用九曲水波举行一种叫“曲水流觞”的活动，即在弯曲的水流旁放置酒杯，让酒杯顺流而下，停在谁的面前，谁就取杯饮酒，还得作诗，像王羲之的《兰亭集序》就是以这个活动为背景。

乾隆也爱《兰亭集序》，更想做王羲之，他在禊赏亭的大理石台面上让人凿刻出八卦式的“同”字形渠道，然后从旁边假山上的水缸引入水流，最后在弯曲的渠道上放上酒杯，皇帝和大臣们分列两侧，杯随水流，杯停在谁面前，谁就得作诗，完完全全就是“清宫版《兰亭集序》”的景象。

每每身处宁寿全宫，我感受到的是乾隆天马行空的想象和似水柔情的浪漫，有时我真觉得，他哪里是皇帝，分明就是内心里住了一个“小公主”的文人骚客啊！

禊赏亭

·拾· 文华殿里定期的「文化讲座」

文华殿是故宫里难得的清静之地，它靠近东华门，人少，安静，有时走累了，我就喜欢来这里坐坐。

在明、清两朝，文华殿的功能相当多，这里定期要“录制”一档收视率爆表的“节目”，它规格颇高：主讲人为学富五车的文化大牛，观众都是朝廷的高级官员，嘉宾最厉害，是当朝皇帝！

文华殿和西边的武英殿相对，形成“一文一武”“文武辅弼”的格局。它建于明初，一开始是作为皇帝日常理政的便殿，后来，这里主要供太子读书所用，明代天顺朝的太子朱见深、成化朝的太子朱祐樘还将文华殿作为“皇帝实习处”，即在登基前先在此设立办公室，学习怎么处理朝政，怎么做皇帝。

由于一开始是作为太子的宫殿，所以文华殿前的丹陛上出现了故宫独一无二的“设计”，其门前的这块石雕纹饰仅有祥云而无龙纹，为“三元”图案（三元即上元、中元、下元，代表着岁、月、时的开始）。

文华殿外

之所以没有雕龙，主要是因为皇帝才是真龙天子，而太子虽然也会登基为帝，但那是将来的事，他现在属于“潜龙”，还不能显现龙的“真身”。

文华殿在明、清两朝最重要的功能就是经筵讲读。

“经”，主要指儒家的经典，像《易经》《书经》《诗经》等；“筵”，原意为竹席，后来引申为“讲席”；“经筵”，通俗地讲，就是儒臣们给皇帝上课，讲授儒家经典，阐发治国之道。

经筵有大小之分，大经筵礼仪隆重，举行次数不多；小经筵也称“日讲”，即日常给皇帝上课。这种经筵制度从汉代就有，体现的是“以儒治天下”的理念。同时，也借此提高皇帝素质，给天下读书人做个榜样。

明清经筵，因为有皇帝的参与，规格都很高，比如在清代，经筵举行前，由翰林院选任“主讲人”，拟定篇目，准备讲义。

经筵举行当日，文华殿宝座前摆放南北三张桌子，呈“品”

字，皇帝坐北面，桌子旁有专门负责翻书的展书官。作为主讲人的讲官一共四位，满人、汉人各两位。两人一组，先由满人讲官用满语讲《四书》，然后由汉人讲官用汉语讲，皇帝听完后还要发表点评论（书义），接着再按照刚才满、汉的次序讲《五经》，皇帝再发表评论（经义），然后下课。

文华殿石雕

经筵上还有很多“听众”，他们的级别都很高，比如大学士和吏部、户部、礼部、工部等部门的尚书、侍郎等官员。

关于经筵，有趣事比较多。有一种说法，每次经筵后皇帝就会在文华殿里撒钱，而后让讲官们去捡，想要多少捡多少。还有史料记载，皇帝在下课后会赐宴，讲官们可以尽情地吃喝，吃不完还能打包回家。这些说法的真假未可知，尤其“撒钱说”更是荒诞，但倒是给听起来沉闷枯燥的经筵增添些许欢乐。

乾隆是个爱学习的“好宝宝”，他在位时，大小经筵次数频繁，有一次举行经筵时，天空突然下起了滂沱大雨，很多大臣见状都奏请皇帝改期，可乾隆非但不改，还以战国时魏文侯的例子教育群臣，他说：“当年魏文侯和人相约打猎，无奈约定之日下雨，魏文侯怕失信于人，不顾群臣反对，冒雨前往，我们举行经筵，也应该风雨无阻。”

文华殿除了举行经筵，还充当过科举考试最后一关殿试的“阅卷办公室”。乾隆年间，为了保证阅卷的隐秘和公平，乾隆皇帝特意下了道谕旨，命阅卷大臣们于文华殿集中批阅和休息，等到发榜后才能各自回家。

文华殿内部

·拾壹· 紫禁城里皇帝、后妃们的厕所在哪儿

俗话说“人有三急，急起来真是要了命”，解决“三急”，需要厕所，不管是室内厕，还是“风景厕”，反正必须有一个地儿让你“释放”。在古代的紫禁城中，如厕问题也是皇帝的头等大事。不过，由于事关隐私，关于宫中厕所的记载少之又少，那么，紫禁城里的厕所到底在哪里呢?

明、清时期的紫禁城，厕所位置稍有不同，比如明朝，永乐皇帝就建了宫中“最高的厕所”，它的位置和乾清、坤宁两宫的“配置”有关。

现如今乾清宫和坤宁宫的两侧都建有东西配殿，乾清宫为昭仁殿和弘德殿，坤宁宫为东暖殿、西暖殿。

在东西配殿的两侧还有两座不起眼的小耳房，这两座小耳房的正下方配建有石质的券洞。券洞内黑乎乎的，如果你探着头往里看会发现，洞内地面用方砖铺就，洞顶上由两根大木方横担着，再上面铺满木板。

乾清宫东配殿和小耳房

别小看这个耳房和券洞，有故宫专家考证，它们是一体的，为明朝宫中的“官厕”，专门给皇帝和皇后充当厕所。

其基本原理很可能是帝后在耳房中蹲着如厕，房中地面和券洞由一“悬孔”相通，排泄时，污秽物就通过悬孔掉落在券洞中早已准备好的容器内，然后由每日负责厕所卫生的“净军”清扫。

这个厕所更奇妙的是通风防臭的设计：它的券洞内北墙上砌有一条方形烟道，直通北墙，墙外侧还安有古钱币式的通风口，既美观通风，又可防止臭味反逆。

券洞近景

根据明代宫中太监刘若愚《酌中志》里的记载：“乾清宫门围墙之内，左右廊房之朝南半间者，曰东夹墙、西夹墙，又慈宁宫西第等处，皆宫眷、内官便溺之所。宫墙之外，砖砌券门，安大石于上，凿悬孔垂之，各有净军在下接盛。于每月初四、十四、廿四日，开玄武门及各小门打扫。”

他的记述和上面提到的耳房券洞基本一致，而且在明代藏书家顾元庆写的《云林遗事》中也写道，明代贵族家的厕所一般建成“楼式样”，上下两层，主人家在上层如厕，排泄物掉落到下层容器中，有专门的“童子”清理容器，同时，容器中还会覆盖鹅毛用以掩盖粪便。

因此可以推之，明代贵族家尚有如此传统，紫禁城作为最大的“贵族之家”，应该也会这么建。

目测这个厕所还挺高的，不知道皇帝皇后蹲在里面是种什么感觉呢？

上面提到的那本《酌中志》是宫中老太监刘若愚的见闻，其中提到的乾清门围墙之内，左右廊庑的半间房，“东夹墙”和“西夹墙”为宫眷和内官们的“公厕”。还有隆宗门外慈宁宫东小门内有北司房，此处也有“便溺之所”，称为“西茅”。

据记载，这些厕所外都有负责扫厕所的“净军”值班，他们是太监中地位最低的苦役，在每月的初四、十四、二十四日，净军们从玄武门（今神武门）及各小门将粪便清除出宫。

清代宫中上至帝后下至宫女太监，大多使用“便器”来解决“三急”。据记载，宫中用来储存“便器”的地方称为“净房”，一般设在各个宫殿院落配房之后的偏僻小屋内。

关于便器，皇帝用的叫“官房”，质地有木、锡等；宫女、太监用的叫“便盆”，质地比较粗糙。这些便器的形状也有差异，有的比较高级，便凳上专门配了软垫，坐着很舒服。还有的是抽拉形，用时拉开锡盖子，用完盖上就可以遮挡臭味。

皇帝后妃们的便器一般放在寝室床边的阁间里，需要用时由太监顶在头上“请”到皇帝身边，用完后，便器内要垫好香木灰覆盖，然后立即抬出宫外，以防臭味外散。

宫女、太监们使用便器也有讲究，每次用完后，得用炭灰吸干，倒入恭桶，然后盖好盖子，将便盆擦干净，以供下一个人使用。

上厕所得有纸，在唐宋之前，人们都使用一种叫“厕筹”的木头片或者竹片，最早记载使用手纸的是元朝。在明皇宫中，负责厕纸管理的是宝钞司，而皇帝使用的手纸则是专门由内官监纸房负责的。

据说明代皇帝们的手纸都是用野蚕丝织成的帛，质地柔软，用完即扔，很浪费。一次，明孝宗弘治皇帝看见宫女们将用过的“蚕丝手纸”收集起来晾晒，他好奇地问：“这些脏东西有什么用？”结果宫女答道：“它们都是蚕帛，能用来做衣服啊！”弘治皇帝听后非常惭愧，自责太浪费，于是下令以后如厕一律改用草纸。

净房

清宫中的手纸以慈禧太后的最为“昂贵”，在《宫女谈往录》中写道，老太后使用的手纸是质地非常好的细软白棉纸，作者这样描述它的制作方法：

“把纸喷得发潮发蔫以后，用铜熨斗轻轻地走两遍，随后再裁成长条，垫上湿布，用热熨斗在纸上只要一来一往就成了。千万不可烙煳，煳纸发脆，爱碎，就不能用了。这样把又柔软，又干净，又有棱角的便纸，折叠好备用。熨两遍，一是图干净，二是要把纸毛熨倒了。不带毛的纸发滑，带毛的纸又发涩，只有把纸毛熨倒了的纸最好用。”

这一张纸估计都相当于老百姓家一个月的口粮钱了，奢侈无比啊！

·拾贰·敬事房是专门做太监手术的地方吗

紫禁城里的敬事房是一处“太监集散地”，民间传说这里是给要入宫当太监的人做阉割手术的地方。每次做，房内还会传出杀猪一般的号叫，刀一切，一名太监正式诞生。

照这个说法，紫禁城里有千余名太监，难道宫中要响千余次的喊叫声？皇帝能受得了？

实际上，敬事房和做太监手术没关系。在清代，如果你想成为一名太监，得自行阉割后方可进宫，当时的北京城有专门的“阉割手术师”，称“刀儿匠”，一般是官办世袭，属于垄断行业，他们手法独到，药也用得妙，一刀下去，快准狠，21天后即可下床进宫。

既然敬事房里不做太监手术，那么，这个机构存在吗？

说起宫里的敬事房，又名“宫殿监办事处”，它由康熙皇帝首创，负责办理宫中的各种事务和相关礼仪，比如记录各皇子、公主的出生情况，妃嫔们父亲的姓名、官职和皇帝后妃的死亡情况等。除此之外，它的主要职能就是管理宫中太监们的一应事务。

敬事房最初的位置很显眼，就在乾清宫院内，南书房的东边，到了嘉庆皇帝时，它被搬到了乾东五所处。

清朝吸取了前朝宦官乱政的经验，在对太监的管理上异常严格，除了大量削减太监数量外，还严禁太监干政，比如顺治皇帝就曾铸有铁牌立于交泰殿内，上写“以后有犯法干政、窃权纳贿，属托内外衙门，交结满汉官员，越分擅奏外事，上言官吏贤否者，凌迟处死”。一干政，就得千刀万剐凌迟处死，处罚相当严厉。

乾隆时还制定了一系列的“法文”制约太监行为，比如《太监偷钓园庭鱼虾治罪条例》《逃走太监分别治罪条例》等，这里简单说说太监自杀和太监逃走的处罚。

清宫严禁宫人自杀，如犯，即是大罪，还会牵连家人。而太监如果自杀，罪更重。有意思的是，对于太监自杀的处罚是根据自杀方式的不同来分类，比如自刎的最重，估计是因为死相最恐怖，怕吓到别人；上吊自杀的，在宫里上吊比在行宫上吊判得重，因为皇

敬事房大致位置

宫乃圣洁威严之地，上吊就把圣洁都给玷污了。

关于太监逃走，惩罚轻重是用逃走次数和是否自首来衡量的，比如第一次逃跑，但回来自首的，就简单打个板子；如果是被抓回来的，则要在打板子、罚款的基础上罚往吴甸铡草一年。多次逃跑的，罪就依次累加。

很多清宫剧中，太监和宫女经常嘻嘻哈哈一起说笑，还有的竟然能结婚，这种情况在真实的清宫中几乎不可能发生，当时宫中有规定："宫女子不许与太监认为亲戚，非奉本主使命不许擅相交语并嬉笑喧哗。"

同时像太监陪妃嫔们说笑这样的桥段也不大可能发生，据记载，咸丰的玟常在就因为和太监孙来福说笑被处罚，从常在直接降为宫女。

因此，清宫中的太监一般都是规规矩矩、战战兢兢，他们一般在院子里待着，有吩咐才能进屋，像皇帝和大臣谈公事，他们也得主动回避。

说起清宫太监，很多人都知道李莲英，咱们今天不讲他，换一个大家既熟悉又不了解的"名太监"——苏培盛。

《甄嬛传》里的苏培盛是雍正的贴身太监，他一生风光，最后还抱得美人归，与甄嬛身边的崔槿汐结成了"对食"，他在剧中的一生可谓是所有太监的"梦想"，可实际上，真实的苏培盛下场凄惨。

当年雍正驾崩，乾隆即位后，总管大太监苏培盛就被皇帝定下了多条大罪，比如他见到王爷时经常半跪请安，还执手问候。有时，他还和庄亲王允禄"并坐而谈"，丝毫没有太监的礼数等。虽然这些行为确实有僭越之嫌，但也犯不上大动干戈，大肆批斗他，乾隆之所以这么做，主要还是杀鸡给猴看，想以此整肃内廷太监们的行为，规范后宫秩序。

·拾叁·御膳房，御茶膳房，傻傻分不清

什么事情是皇帝每天必做的呢？毫无疑问，肯定是吃！民以食为天，吃饭是宫里的大事儿，皇帝得吃，妃子们得吃，包括宫女、太监们也得吃，这么多张嘴，宫里的厨房每天都忙忙碌碌，那么，这个“厨房”到底在哪里呢？

说起宫里的厨房，很多人都会脱口而出——御膳房！这种叫法对，又不全对。按照《国朝宫史》的记载，皇帝有御膳房，皇后有内外膳房，寿康宫皇太后有外膳房。原来级别不同的人，厨房也不一样，“御膳房”这个叫法专属皇帝，有时也称“内御膳房”。

御膳房在哪里呢？为了离皇帝的住处近，它设立在养心殿附近的一个小院里。末代皇帝溥仪曾在《我的前半生》中描写过御膳房的细节，他说：“御膳房里的饭菜大多是提前做好搁在火上煨着，这样才能随吃随叫，随到随吃。”不过当这些饭菜端到皇帝面前时，大多已经凉了，口感也欠佳，所以溥仪说自己也很少吃御膳房的东西，倒是经常吃太后太妃们送的菜。

在御膳房之上，还有个“厨房总机关”，叫“御茶膳房”，它主要负责宫廷的一切饮食，位置在今中轴线三大殿的东边，箭亭的东南侧。这个地方主要是做宫女、太监们吃的饭菜，有时来宫里办事的大臣也会在这里吃，算是一个“皇家小食堂”。它下设的“做饭小组”特别多，有茶房、膳房、饽饽房、酒醋房、肉库、菜库等，包罗一切宫中吃食。

未开放的养心殿

除此之外，有些“实力强大”的妃子宫中还设有自己的“小厨房”，比如最出名的像慈禧太后的西膳房，它下设荤局、素局、饭局、点心局等，据说能做 4000 多种菜。因此，在清宫剧中某些妃子天天喊着“让我宫内的小厨房做这做那”的情节也并非子虚乌有。

在很多影视剧中，皇帝吃饭前都会用银针扎进饭菜里看看有毒无毒，如果银针变黑，则证明有毒。这个“银针验毒”的情节不是编剧瞎编，它确实有“原型”，比如溥仪就这样描述过：

“每个菜碟或菜碗都有一个银牌，这是为了戒备下毒而设的，并且为了同样原因，菜送来之前都要经过一个太监尝过，叫作‘尝膳’。在这些尝过的东西摆好之后，我入座之前，一个小太监叫了一声‘打碗盖！’其余四五个小太监便动手把每个菜上的银盖取下，放到一个大盒子里拿走。”

这里提到的“银牌”和“尝膳”就是为了保证皇帝的吃饭安

全，毕竟想搞暗杀的话，给饭菜下毒的方法简单，成功率也高。

清宫里的皇帝一天吃“两餐”，确切地说应该是“两正餐”——“早膳”和“晚膳”，早膳并不是指早上六七点的早餐，而是上午吃的正餐，类似于某些小伙伴睡到九至十点起来吃的“早饭”，“晚膳”一般在下午一至三点进行，有时也会在晚七至八点再加一顿晚饭。

不过在早膳和晚膳之间会有一些“零食小时光”，俗称“传点心”，次数不限，想吃了就叫，反正不能饿着皇帝。这种“少吃多餐”的饮食习惯貌似和现在倡导的减肥方式暗合，难怪清朝皇帝们都不太胖，要减肥的小伙伴可以学起来。

说了这么多，皇帝后妃们到底都吃些什么呢？我们来看乾隆的一份“御膳菜单”。

早膳：燕窝红白鸭子南鲜热锅一品、酒炖肉炖豆腐一品、清蒸

外御膳房大致位置

鸭子糊一品、猪肉鹿尾攒盘一品、竹节卷（花卷）小馒首一品……除此之外，还有舒妃、颖妃、愉妃、豫妃进菜四品，随送面一品，老米水膳一品，等等。

晚膳：燕窝鸭子热锅一品、油煸白菜一品、肥鸡豆腐片汤一品、奶酥油野鸭子一品、水晶丸子一品、攒丝烀猪肘子一品、火熏猪肚一品、猪肉馅侉包子一品、象眼棋饼小馒首一品，等等。

以上仅仅是菜品的一小部分，可以看出，皇帝吃饭也是荤素搭配，不仅有鸡鸭鱼肉，还有蔬菜、主食。细看菜单，发现乾隆特别爱吃鸭子，好几个菜都和它有关，幻想下如果乾隆穿越到现代，会不会也爱吃“久久鸭”呢？

图书在版编目（CIP）数据

这里是故宫 / 只露声音的宫殿君著 .—北京：中国友谊出版公司，2020.12

ISBN 978-7-5057-5025-8

Ⅰ .①这… Ⅱ .①只… Ⅲ .①故宫－北京－通俗读物 Ⅳ .① K928.74-49

中国版本图书馆 CIP 数据核字（2020）第 216757 号

书名 这里是故宫
作者 只露声音的宫殿君
出版 中国友谊出版公司
发行 中国友谊出版公司
经销 新华书店
印刷 北京盛通印刷股份有限公司
规格 880×1270 毫米 32 开
9 印张 217 千字
版次 2020 年 12 月第 1 版
印次 2020 年 12 月第 1 次印刷
书号 ISBN 978-7-5057-5025-8
定价 68.00 元
地址 北京市朝阳区西坝河南里 17 号楼
邮编 100028
电话（010）64678009